# Die ersten 1000 Tage für Mama, Papa & Kind

Ernährung während der Schwangerschaft und der ersten beiden Babyjahre mit den besten gluten- und milchfreien Rezepten

**SASCHA INDERBITZIN**
&
**ULRIKE VON BLARER**

**BACOPA** VERLAG

4521 Schiedlberg / Austria, Waidern 42
e-mail: office@bacopa.at, verlag@bacopa.at
www.bacopa-verlag.at

Graphik: truxa.grafik.design
Printed in European Union

ISBN: 9783991140146

1. Auflage, 2021

**„Eure Nahrungsmittel sollen eure Heilmittel, und eure Heilmittel sollen eure Nahrungsmittel sein."**

*Hippokrates*
*griechischer Arzt, 460 bis 377 v. Chr.*

Hinweis:
Aus Gründen der Lesbarkeit wurde im Text die männliche Form gewählt, doch beziehen sich die Inhalte natürlich auf Angehörige beider Geschlechter.

**Danke!**

Dieses Buch zu schreiben wäre ohne meine Familie und Freunde nicht möglich gewesen. Neben vielen anderen danke ich herzlich meinem wunderbaren Ehemann Philipp, der mir Zeit fürs Schreiben verschafft und mich auch sonst immer unterstützt hat. Meiner lieben Tochter Sophia danke ich für ihr kritisches Testessen und begeistertes Mitkochen – sie ist meine Inspiration. Meiner lieben Freundin Ursula Snay danke ich für ihr umfangreiches und detailliertes Feedback. Alfred und Gabriella Borter verdienen einen Orden für ihre Vielseitigkeit – von kritischer Manuskriptreview bis zu Hunde- und Kinderhüten, während ich meine Zeit diesem umfassenden Werk widmen durfte. Und einen herzlichen Dank gilt meiner Freundin und ehrlichen Kritikerin Christina Eck, die sich ebenfalls viel Zeit für das Lektorat genommen hat und mit viel Detailarbeit uns Feedback gegeben hat.

Vielen weiteren Freunden danke ich für ihre Inspiration und ihre zahlreichen Rückmeldungen. Meinen Patienten und Schülern danke ich für ihre Offenheit und ihr Vertrauen.

Sascha Inderbitzin-Türler

## Inhalt

## Vorwort von Dr. Michael Seefried, Kinderarzt, Zürich

Essen müssen wir! Eine gesunde Ernährung ist von fundamentaler Bedeutung, weil sie hilft, Krankheiten zu vermeiden und uns gesund zu erhalten. Dies gilt insbesondere für solch delikate Lebensphasen wie die Schwangerschaft und das erste Lebensalter. Für Schwangere sowie für das heranwachsende Baby und das Kind wurde dieses Buch in erster Linie geschrieben.

Essen ist auch etwas Lustvolles und es ist gemeinschaftsbildend. Freunde laden wir zum Essen ein. In unserer modernen Welt ist es wichtiger denn je, gemeinsame Mahlzeiten in der Familie zu kultivieren.

Ernährung ist heute eine Wissenschaft mit großem Stellenwert. Seit etwa 1980, 1990 gibt es Veranstaltungen wie der „Tag der gesunden Ernährung". Ein Gesundheitsbewusstsein rund um die Ernährung erwachte.

Es entwickelten sich zwei Strömungen:

Zum einen die auf die Gesundheit ausgerichtete Ernährungsweise, gepaart mit einem zunehmenden Bewusstsein für den Wert biologischer und biologisch-dynamischer Lebensmittel, begleitet von einem wachsenden Interesse an vegetarischer Ernährung.

Zum anderen schossen Fastfoodketten wie Pilze aus dem Boden (die ersten MacDonald's wurden in den 70er Jahren in Deutschland und der Schweiz eröffnet) und der Anteil an Fertigprodukten nahm rasant zu.

Seit einigen Jahren nun erlebt die vegane Ernährung einen ebensolchen Boom.

Eines dürfen wir in diesen Betrachtungen nicht vergessen. Der Fleisch- und Milchkonsum in den Industrienationen ist enorm. Daraus resultiert eine heute immer noch selbstverständlich akzeptierte, aber unwürdige Massentierhaltung. Dabei wissen wir längst, dass ein solch übersteigerter Konsum nicht gesundheitsförderlich ist.

In der heute so aktuellen Umweltdebatte inklusive der mittlerweile weltweit stattfindenden Demonstrationen spielt auch unsere Ernährungsform eine nicht unbedeutende Rolle. Denn hoher Fleischverzehr ist durch die entsprechend notwendige Massentierhaltung mit allem, was dazu gehört, nicht klimaneutral – im Gegenteil!

Das bedeutet, unsere Ernährungsweise ist nicht nur eine individuelle Thematik, sie hat weitreichende Auswirkungen auf das Wohl der Tiere und das ganze Ökosystem. Aber jede Person kann ihren Beitrag dazu leisten, dass sich in diesem Bereich etwas ändert.

Und so ist es richtig und wichtig, wenn sich immer Menschen kritische (nicht dogmatische!) Fragen zum Thema Ernährung stellen und sich informieren wollen.

Dieses Buch von Sascha Inderbitzin und Ulrike von Blarer ist ein wunderbares Werk für (werdende) Mütter und ihre Kinder – aber nicht nur. Vertieft man sich in dieses Buch, so stellt man rasch fest: Es ist eine Hilfe für alle.
Das vorliegende Buch ist wissenschaftlich gut fundiert und von Herzen geschrieben. Es ist in keiner Weise dogmatisch. Persönliche Haltungen wie diejenige zur biologischen oder zur veganen bzw. zur vegetarischen Ernährung versus Fleischkonsum sind gut begründet.
Die Reihenfolge der Kapitel ist sinnvoll und übersichtlich gewählt, die einzelnen Kapitel in sich gut gegliedert, so dass Leserinnen und Leser bereits beim Überfliegen den Duktus des Inhaltes erfassen können.
Bei der Lektüre des Buches habe ich viel gelernt und viele „Aha-Erlebnisse" haben können. Ich kann mir vorstellen, dass es einigen Leserinnen und Lesern auch so gehen wird.
Ich wünsche dem Buch eine grosse interessierte Leserschaft. Es ist sehr wertvoll als Lektüre, Nachschlagewerk oder wenn man sich mit einer bestimmten Ernährungsthematik auseinandersetzen möchte wie z.B. die Bedeutung des Zuckerkonsums bei Kindern; zudem enthält es wertvolle Rezepte, die zum Nachkochen animieren.
Das Buch ist eine große Bereicherung und ein Muss für alle, die sich mit Ernährung befassen.

Dr. med. Michael Seefried
Facharzt für Kinder- und Jugendmedizin/Allgemeinmedizin
Zürich und Eisenbuch, im September 2021

## Die Autorinnen

**Sascha Inderbitzin-Türler**
Geboren 1976, Mutter einer Tochter, Heilpraktikerin und Dozentin für Chinesische Medizin. In ihrer Praxis in Zollikon begleitet sie ihre Klienten in Ernährungsfragen, macht Hypnose-Therapie nach Marisa Peer (RTT) und Akupunktur. Aufgrund eigener Erfahrungen hat sie ihre Ernährung 2008 umgestellt und geht seither mit der Ernährung sehr bewusst um, sie lebt dieses Ernährungsbewusstsein auch ihrer Tochter vor.

Sascha Inderbitzin-Türler hat in den USA die Boston University 2001 mit dem *Master of Nutrition* abgeschlossen und ihn mit dem *Registered Dietitian* kombiniert. Nach dem Studium arbeitete sie in verschiedenen amerikanischen Spitälern klinisch (individualisierte und spezifische Ernährungstherapien für Krebskranke) und absolvierte verschiedene Weiterbildungen in Südafrika und Indien.
Anschliessend arbeitete sie 13 Jahre bei einem Global Player der Lebensmittelindustrie. Sie widmete sich der Schnittstelle von Wissenschaft und Marketing und führte global Ausbildungen durch – zuletzt hinsichtlich Baby- und Kleinkindernährung.
Von 2010 bis 2013 studierte sie Traditionelle Chinesische Medizin (TCM) und rundete das Studium mit Praktika in China ab.

Als Naturheilpraktikerin erzielt sie ihre Erfolge mithilfe eines therapeutischen holistischen Ansatzes, der westlichen Ernährungstherapie, chinesischen Medizin und klinischer Hypnose.

Kontakt:
www.saschainderbitzin.com

**Ulrike von Blarer Zalokar**

Geboren 1954, Mutter von zwei erwachsenen Kindern, Großmutter, Heilpraktikerin und Dozentin für Traditionelle Chinesische Medizin, Diätetik, Phyto West-TCM, Akupunktur und Shiatsu, mit eigener Praxis in Luzern seit 1985. Sie hat seit 1995 über 600 Therapeutinnen und Therapeuten in TCM-Diätik und über 300 in Phytotherapie West-TCM ausgebildet. Sie ist Leiterin der Schul- und Ausbildungsklinik der Heilpraktikerschule Luzern und Gründungs- und ehemaliges Vorstandsmitglied der Schweizerischen Berufsorganisation für Traditionelle Chinesische Medizin (TCM-Fachverband, ehemals SBO-TCM).

Ulrike von Blarer Zalokar unterrichtet zum Glück nicht nur, sie gibt ihr Wissen auch in Büchern weiter – als Autorin von „EssenZ aus der Küche", „EssenZ aus der Backstube", „Baldrian macht munter", alle im eigenen HPS-Verlag. Und im Bacopa-Verlag die Fachbücher „Praxisbuch Nahrungsmittel und Chinesische Medizin", „Praxisbuch Westliche Heilkräuter und Chinesische Medizin", „Praxisbuch Phytotherapie TEN" und „Praxisbuch Nahrungsmittel in der TEN".

Kontakt:
ulrike_vonblarer@heilpraktikerschule.ch; www.heilpraktikerschule.ch

# 1. Einführung – wir lieben Kinder

Und wir wünschen allen Kindern von Herzen nur das Allerbeste. Was wir zu ihrem Glück beitragen können, wollen wir beitragen. Unsere Passion ist die Ernährung. Wir übermitteln in diesem Buch alles, was wir für das Baby in den ersten tausend Tagen für optimal erachten.

Die Empfehlungen in diesem Buch basieren sowohl auf wissenschaftlichen Erkenntnissen* wie auch den Erfahrungen aus unserer Praxis mit der Traditionellen Chinesischen Medizin. Unsere eigenen Kinder und Enkel haben wir so ernährt, wie in diesem Buch beschrieben.
In diesem Buch erklären wir Ihnen die Ernährungssubstanzen: Sie erfahren also, was in dem, was wir essen, so drin steckt. Ebenso erfahren Sie, was Sie und vor allem Ihr Baby vor und nach der Geburt brauchen. Wir halten uns dabei an die Wissenschaft – und an unsere Vorgabe, so verständlich wie nur möglich zu sein. Und, natürlich, Sie finden eine Vielzahl praktischer Rezepte.

Wir wollen Müttern und Vätern, Großeltern, Onkeln, Tanten und Bekannten, gerne auch Kinderkrippen, die Anregung geben, Kinder gesund und im Einklang mit der Natur und ihrer Umwelt zu ernähren. Was ein Kind isst, soll ihm die Kraft geben, sich seinem Wesen gemäß zu entwickeln. Dabei stützen wir uns auf die Erkenntnisse der Traditionellen Chinesischen Medizin (TCM). Die TCM ist großartig. Ihre Erkenntnisse beziehen sich nicht nur auf Körperliches, sondern auf alle Bereiche: So hilft sie nicht nur zur Heilung des aus dem Gleichgewicht geratenen Organismus, sondern sie hat von ihrem Menschenbild her ganz allgemein die Harmonie in allen Bereichen zum Ziel.
Wir sind wegen unserer eigenen Praxis-Erfahrungen und aufgrund von Gesprächen mit vielen anderen Therapeuten davon überzeugt, dass die TCM viele wertvolle Hinweise für die am besten zuträgliche Ernährung von Kindern – insbesondere auch von Säuglingen und Kleinkindern – anbietet.

Die Eltern unter uns wissen: Ein Kind ist in den ersten Monaten sehr stark damit beschäftigt, Nahrung zu sich zu nehmen und sie – nicht zuletzt während der ausgiebigen Schlafphasen – für sein Leben und Wachsen umzuwandeln und zu nutzen. Ein Baby verdoppelt sein Gewicht in sechs Monaten und verdreifacht es innerhalb des ersten Lebensjahres! Umso

* Quellenangaben (in Klammern) s. Literaturverzeichnis

wichtiger ist es, sich über die richtige Ernährung Gedanken zu machen. Probieren Sie unsere Vorschläge aus. Schauen Sie, was Ihrem Kind gut tut. Das Kind soll die Nahrungsmittel bekommen, die dazu beitragen, dass es ihm gut geht und dass es beschwingt in die Welt hineinwachsen kann. Dabei soll die Nahrungsaufnahme mit Lust und Liebe verbunden sein und nicht bloß den Hunger stillen.

Nahrungsmitteltabellen und Studien bilden das Gerippe dieses Buches. Alle unsere Angaben sind referenziert und fundiert. In unseren Praxen beraten wir werdende Mütter sowie Mütter zusammen mit ihren Kindern in Bezug auf die bestmögliche Ernährung. Über viele Jahre haben wir die Erfahrung gemacht, dass Krankheiten oftmals mit schlechter Ernährung zusammenhängen. Wir wissen, dass die Ernährung das Fundament für eine gute Gesundheit ist. Der Körper toleriert zwar viele Entgleisungen, aber er muss sich den Ausgleich immer von irgendwoher organisieren, was sich vielleicht nicht sofort, aber mit großer Sicherheit später in Krankheiten äußert. Das Konzept der TCM entspricht unseren Erfahrungen, weshalb wir es hier benutzen, natürlich angepasst an die Bedürfnisse unserer Zeit und unserer Umgebung.

Wir wollen mit diesem Buch aufklären und zum Ausprobieren anregen. Es soll werdenden Müttern und allgemein Interessierten Kenntnisse für eine gesunde Schwangerschafts- und Babyernährung (bis ins 3. Lebensjahr des Kindes) vermitteln. Wir sprechen sowohl „Anfänger“ als auch „Fortgeschrittene“ an.
Alle Rezepte sind gluten- und milchfrei. Und da aus wissenschaftlicher Sicht eine pflanzlich vollwertige Kost einen großen gesundheitlichen Nutzen mit sich bringt, haben wir viele vegane Rezepte mit einbezogen.

Wir wünschen Euch viele neue wissenswerte Erkenntnisse und viel Spass beim Ausprobieren, Nachkochen und Bekochen Eurer Kleinsten und Liebsten.

Eure Sascha Inderbitzin-Türler

Eure Ulrike von Blarer Zalokar

## 2. Warum ist die Ernährung so fundamental wichtig?

Das Qi, die Lebensenergie, besteht aus zwei Komponenten: einer vorgeburtlichen, die wir erhalten, und einer nachgeburtlichen. Beide Qi-Komponenten basieren in ihrer Qualität fundamental auf der Ernährung. Die vorgeburtliche Komponente wird durch die Ernährung der Mutter beeinflusst, die nachgeburtliche durch die Ernährung des Babys. Dazu kommt noch die Atemluft als „Qi-Quelle". Eine gesunde Ernährung ist das A und O einer hohen Qi-Qualität, d.h. unserer Lebensenergie.
Das Qi fließt durch die Meridiane, ähnlich wie das Blut durch die Adern. Eine Krankheit hat immer mit einer Störung des Qi-Flusses zu tun. Die TCM-Therapie versucht immer, das Qi in seinen ursprünglichen, harmonischen Zustand zurückzubringen.
Das Konzept des Qi hilft bei der Beschreibung der Krankheitsrealität, welche nicht immer durch Messungen spezifiziert werden kann. Weder ersetzt dieser Ansatz die westliche Medizin noch steht er im Widerspruch dazu.

Wenn wir das Jing nicht gut nähren, holt sich der Körper die Energie aus dem Reservoir von vor- und nachgeburtlichem Jing. Jing ist die Substanz, die nach der Sichtweise der TCM allem Leben zugrunde liegt. Ohne Jing gibt es kein Leben – es ist für Wachstum, Fortpflanzung und Entwicklung zuständig. Es regeneriert und repariert. Jing ist die Grundlage unserer Gesundheit. Der Körper verfügt über dessen Reserven, aber sie sind erschöpflich. Außerdem ist er sehr tolerant – ungenügende Ernährung schlägt sich nicht sofort in niedrigerer Vitalität nieder. Das ist Fluch und Segen zugleich: Schön, ist der Körper so tolerant. Aber er wiegt uns auch lange in falscher Sicherheit. Oft merken wir zu spät, dass wir früher etwas mehr für das Jing hätten machen sollen (Nahrungs-Gesundheits-Hysterese).
Wenn das Reservoir erschöpft ist, beginnt der Körper an seiner Substanz und auch vom vorgeburtlichen Jing zu zehren. Symptome tauchen auf. Beispielsweise holt sich der Körper das Kalzium aus den Knochen, wenn wir ihm zu wenig zuführen – Osteoporose tritt auf. Lassen wir es gar nicht so weit kommen!
Es geht einerseits darum, eine hohe Qi-Qualität (durch die Ernährung) zu erreichen und andererseits, das Qi fließen zu lassen und allfällige Blockaden zu verhindern oder zu entfernen. Oft sind die Auswirkungen eines blockierten Qi-Flusses nicht so drastisch und unmittelbar sichtbar. Dann braucht es das geschulte Auge und die Erfahrung eines TCM-Spezialisten, um die Disharmonie im Qi zu entdecken.

Der Zusammenhang zwischen Ernährung und Lebensenergie lässt sich anhand des folgenden Schemas erklären.

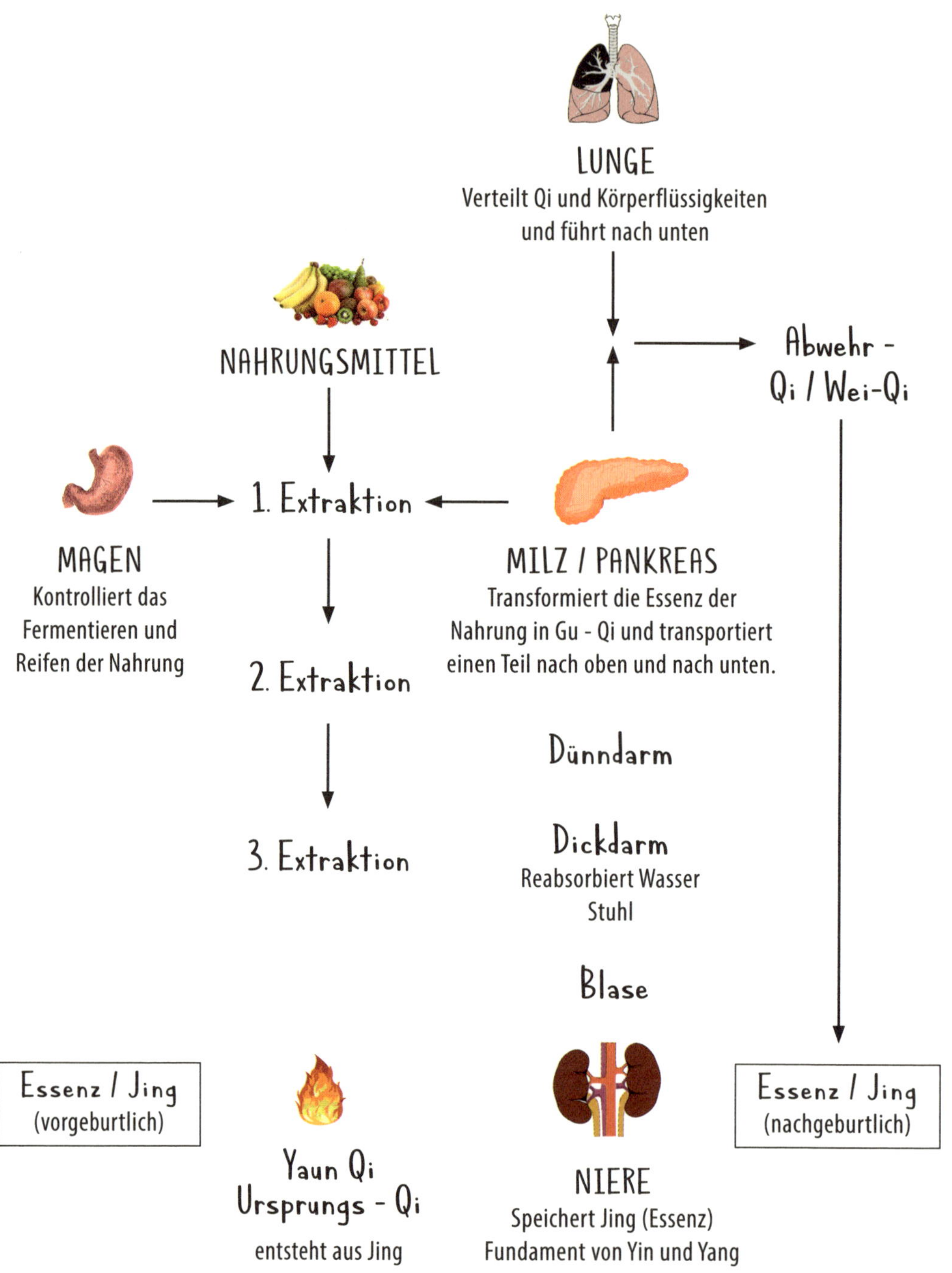


*Abbildung 1: Ernährung und Lebensenergie nach TCM.*

Die Nahrungsmittel, die wir oder unser Kind zu uns nehmen, werden im Magen kontrolliert. Die Nahrung wird fermentiert, gereift und zur Extraktion bereitgestellt. Die fermentierte und gereifte Nahrung wird mit Hilfe der Milz-Pankreas-Energie extrahiert. Diese Essenz wird dann von der Milz zum Nahrungs-Qi transformiert. Dieses Nahrungs-Qi unterstützt und nährt das Abwehr-Qi.

Die wichtigste Funktion des Abwehr-Qi (Wei-Qi) ist es, den Körper gegen Angriffe äußerer pathogener Faktoren wie Wind, Kälte, Hitze und Nässe zu schützen. Zusätzlich wärmt, befeuchtet und nährt es auch teilweise Haut und Muskeln. Es reguliert das Öffnen und Schließen der Poren und damit die Schweißsekretion und somit die Körpertemperatur.

Eine andere wichtige Quelle für Qi ist die Atemluft. Denn Qi verbindet sich auch mit der Luft-Energie, welche über die Lunge eingeatmet wird. Die Energie, die daraus entsteht, unterstützt unsere Abwehr-Energie, auch Wei-Qi genannt. Dies ist unser Immunsystem und nährt unseren Organismus, sprich unsere Zellen, mit Essenz. Deshalb ist nicht nur die richtige Nahrung so wichtig, sondern auch Spaziergänge und Bewegung – draußen, an guter Luft.

## 3. Das Kind vor der Geburt – von Holz bis Wasser

Die Schwangerschaft lässt sich nach TCM in drei gleich lange Phasen zu je 88 Tagen unterteilen. Charakterisiert werden diese Phasen durch die Elemente Holz, Feuer, Erde, Metall, Wasser (1). Diese Elemente sind in der TCM grundlegend und werden auch als Wandlungsphasen bezeichnet. Alles, was existiert, steckt in einer dieser Wandlungsphasen, und für jede Phase ändern sich die Bedürfnisse. Sowohl die Mutter als auch das werdende Kind nehmen an diesen Wandlungsphasen teil. Die fünf Wandlungsphasen beschreiben zyklische Prozesse. Da das Leben voller zyklischer Abläufe ist (z.B. Tag-Nacht, Jahreszeiten, Schlafen-Wachen), sind die Wandlungsphasen zentral. Durch dieses System werden Krankheitsverläufe vorhersagbar. Die Phasen stützen und kontrollieren sich gegenseitig und sollten im Gleichgewicht sein. Dominiert eine Phase, tritt eine andere zurück. Durch das Ungleichgewicht entstehen Krankheiten. Durch diese Kenntnisse können wir aber auch Krankheiten vermeiden.

*Abbildung 2: Schwangerschaftsphasen nach TCM.*

## Die 3 Schwangerschaftsphasen

In der westlichen Sicht spricht man von den drei Schwangerschaftstrimestern. In der chinesischen Medizin unterteilt man die Schwangerschaft in die 5 Elemente oder Wandlungsphasen: Holz, Feuer, Erde, Metall und Wasser. Nun haben wir die fünf Wandlungsphasen der TCM in die drei Schwangerschaftstrimester einfließen lassen und dies dementsprechend abgeleitet und dargestellt.

### Erste Phase: Holz, Feuer

Die ersten 88 Tage, also die ersten drei Monate, entsprechen zwei Elementen: Holz und Feuer. Dem Holz-Element, dem Frühling, lassen sich die ersten 53 Tage der Schwangerschaft und dem Feuer-Element, dem Sommer, die folgenden 35 Tage zuschreiben. Dem Holz wird der saure und dem Feuer der bittere Geschmack zugeordnet. Holz steht für Aufbruch, Expansion und Steigen. Feuer ist die dynamische Phase. Sie steht für Aktion und Ausgestaltung.

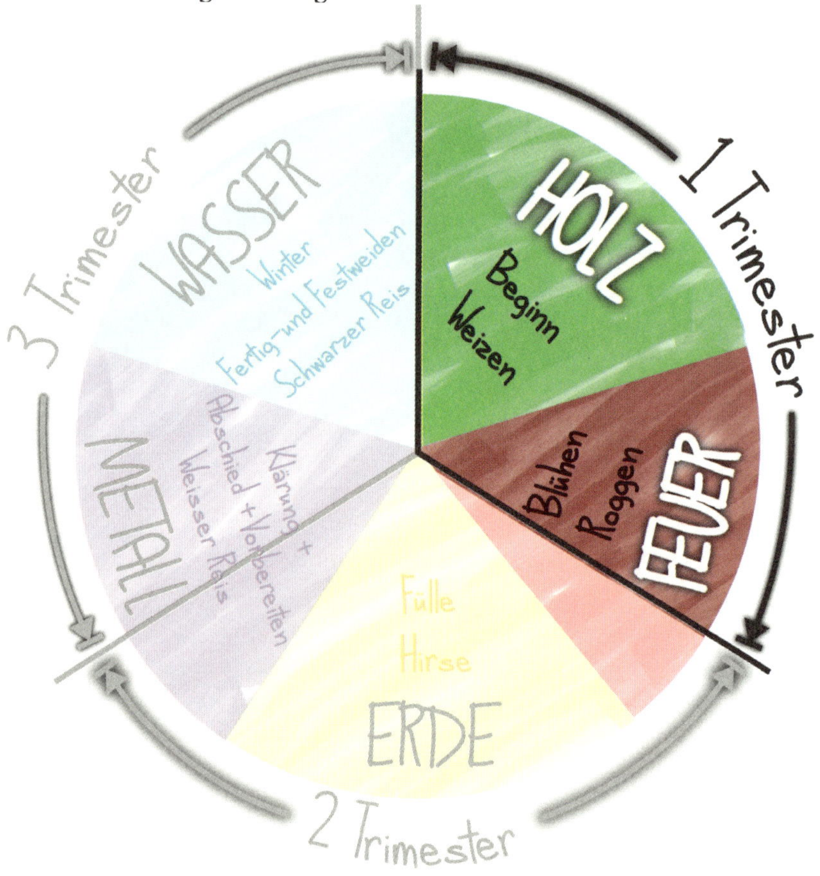


Abbildung 3: Erste Phase.

Und was kommt da auf den Speiseplan? Während der ersten 53 Tage isst die schwangere Frau am besten etwas Grünkern und Quinoa, gekeimte Linsen und Azukibohnen, die alle der Geschmacksrichtung sauer-süß zugeordnet sind. Für die folgenden 35 Tage empfehlen sich entsprechend Roggen, Amaranth, Hafer, Wildreis, Buchweizen und gekeimte Kichererbsen, Baumnuss, Mandel- und Pinienkerne, die dem süß-bitteren Bereich entsprechen.

Folsäure, viel enthalten in grünem Gemüse und in Hülsenfrüchten (Genaueres unten), wirkt aus TCM-Sicht tonisierend und Blut nährend, Leber entspannend, Hun (Geist) beruhigend und Fötus schützend.

In dieser Zeit wichtig ist vor allem Folsäure bzw. Folat. Folsäure ist die synthetische Form, Folat die natürliche. In der unten stehenden Abbildung haben wir verschiedene Nahrungsmittel zusammengestellt, die viel Folat enthalten (2). Da die Schwangerschaft oftmals gar noch nicht bekannt ist, wird empfohlen, schon vorher, am besten ab sofort und entspannt, diese leckeren Gemüse und Hülsenfrüchte in den Speiseplan aufzunehmen. Frisch, oder getrocknet (z.B. Kichererbsen), dann eingeweicht und gekocht, nur in Ausnahmefällen aus Dosen. Natürlich immer in bester Bio-Qualität. Wir wollen gerade in dieser Zeit keine Giftstoffe aufnehmen.

Wenn bisher noch nicht Frisches gegessen wurde, kann in der Übergangszeit der Ernährungsumstellung Folsäure zugeführt werden, der Vorrang sollte jedoch immer auf Lebensmitteln liegen.

Folat ist in den folgenden Monaten nicht mehr so essentiell wie in den ersten drei Monaten, besonders in der 6. Woche, in der beim Kind das Rückenmark geschlossen wird.
Folat findet sich in hoher Konzentration in Weizenkeimen, Mungbohnen und Kichererbsen.

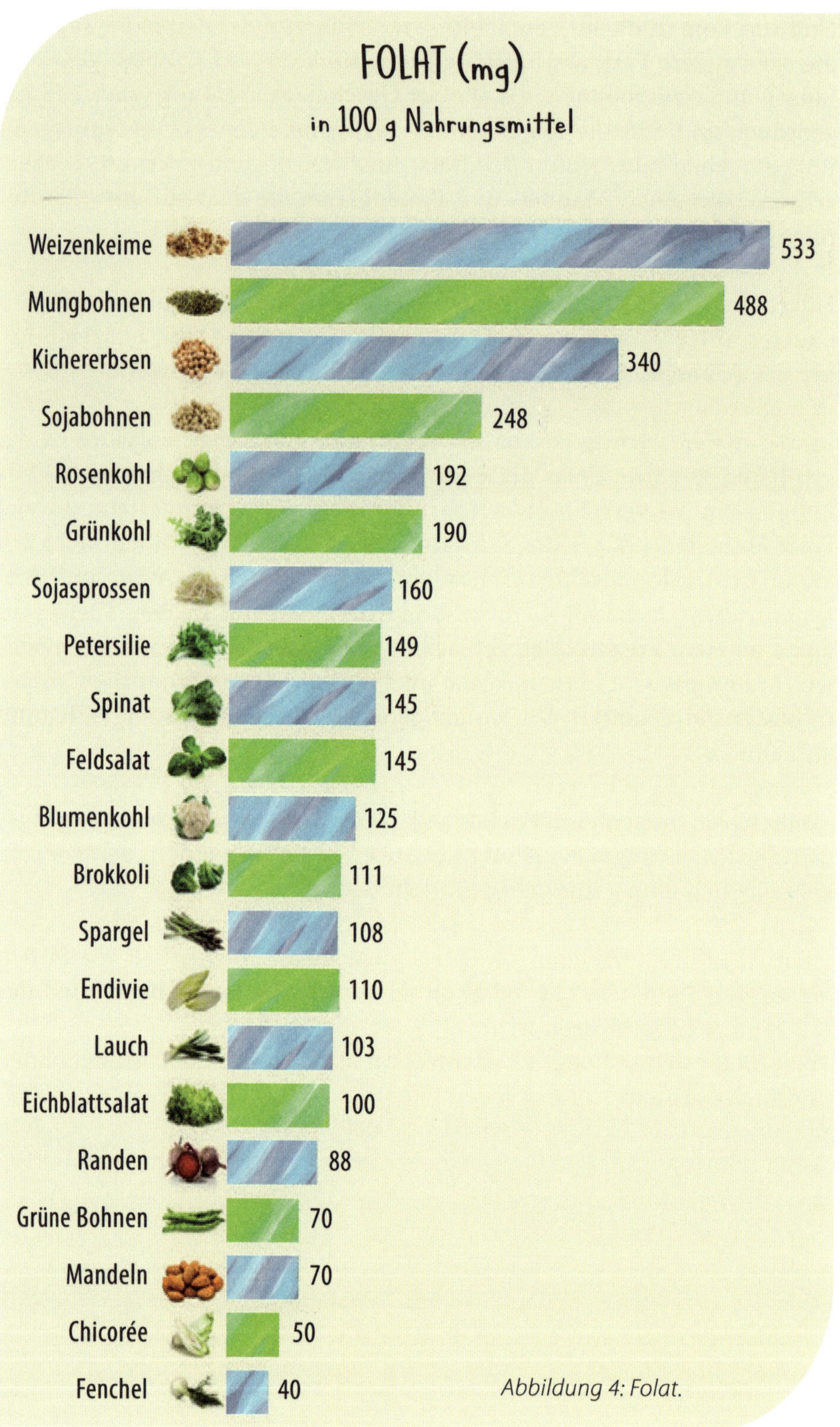


*Abbildung 4: Folat.*

**Zweite Phase: Feuer, Erde, Metall**

Die zweite Phase der Schwangerschaft, vom 4. bis zum 6. Monat und nach TCM die nächsten 88 Tage vom 89. bis zum 176. Tag, entsprechen den drei Elementen Feuer, Erde und Metall.
Zu Feuer, also während der ersten 17 Tage, gehören die folgenden Nahrungsmittel: Roggen, Amaranth, Buchweizen, Hafer, Wildreis, Baumnuss, Mandel- und Pinienkerne, alle vom Geschmack her süß-bitter.
Zu Erde, also die nächsten 53 Tage, gehören: Einkorn, Emmer, Kamut, Dinkel, Mais, Weizen, gekeimter Weizen, Vollkornreis, Kichererbsen, Kidneybohnen, Linsen, Mungbohnensprossen, Cashewnüsse, Marroni, Sesam und Sonnenblumenkerne, alle süß im Geschmack. Erde hat verändernden Charakter. In ihr findet Wandlung und Umwandlung statt. Eine Frucht wird hier gebildet.
Zu Metall, also die darauffolgenden 17 Tage, gehören: gekeimte und gedarrte Gerste, ungeschälter Reis, Limabohnen und Pinienkerne, alle scharf im Geschmack. Im Metall wird die Reife erreicht. Diese Phase steht für Ablösung, Sinken und Kontraktion. Von weissem Reis raten wir ab. TCM empfiehlt weissen Reis, aus der chinesischen Tradition heraus. Heute wissen wir, dass Vollkornreis ernährungsphysiologisch vorzuziehen ist. Weißer Reis ist geschälter Reis. Alles Getreide und auch der Reis besteht aus Mehlkörper, Keimling und Schale. Alle drei benötigen wir, um sämtliche Spurenelemente zu erhalten.
In dieser zweiten Phase der Schwangerschaft, in der das Wachstum des Fötus im Vordergrund steht, sind folgende Getreide für den Fötus von großer Bedeutung: Hafer, Weizen, Mais und Reis.

Aus westlicher Sicht ist in der zweiten Phase vor allem das Eisen zu beachten. In dieser zweiten Schwangerschaftsphase gewinnt der Fötus an Größe und Gewicht, was eine erhöhte Blutproduktion benötigt und demzufolge ist eine ausreichende Eisenversorgung notwendig.
In dieser zweiten Phase sinkt der Hämoglobinspiegel der Mutter, da ein tieferer Spiegel entzündungshemmend ist und weniger Infektanfälligkeit mit sich bringt. Somit ist es wichtig, die einzelnen Blutwerte von Hämoglobin und Ferritin nicht isoliert zu betrachten, sondern im Vergleich zu den Werten vor der Schwangerschaft und auch zum aktuellen körperlichen Zustand: Wie fühlt sich die werdende Mutter? Wie geht es ihr?

Eisen ist in vielen Nahrungsmitteln enthalten und kann sowohl von Mischköstlerinnen wie auch von Vegetarierinnen und Veganerinnen in ausreichender Menge gut aufgenommen werden.

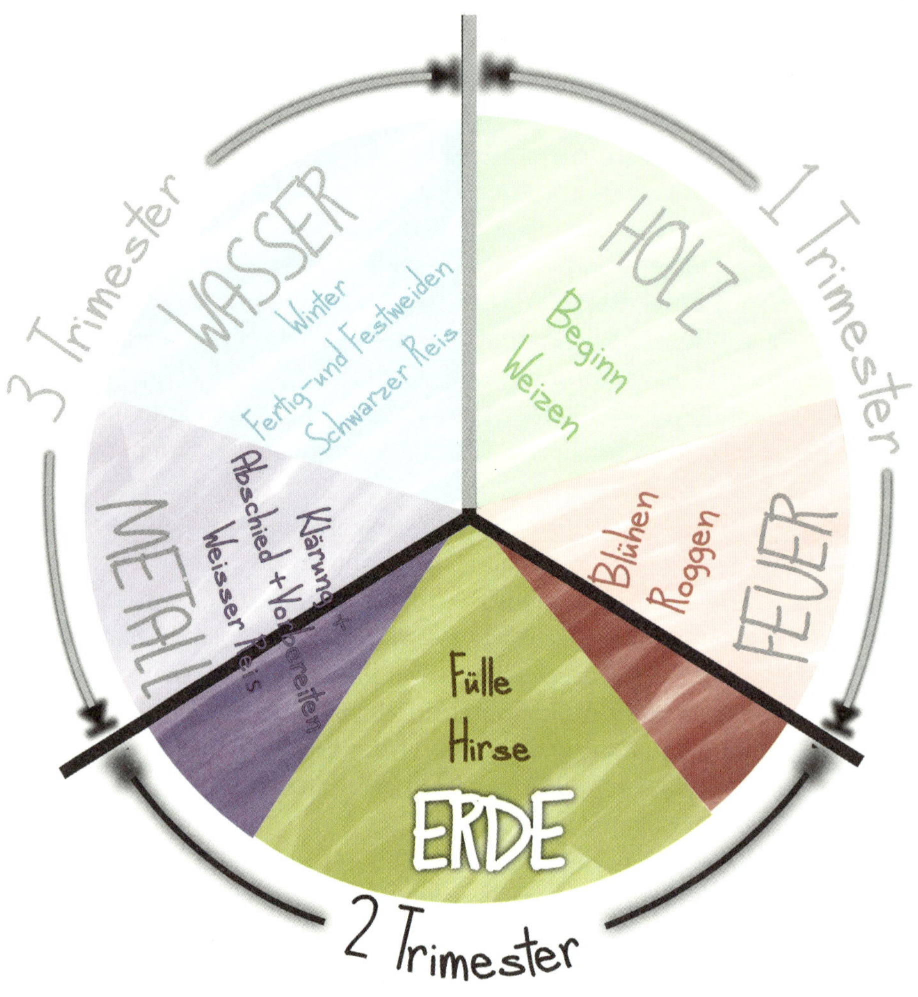


*Abbildung 5: Zweite Phase.*

Die Tabelle in *Kapitel 9 Eisen – wow, die Algen!* veranschaulicht die Menge an Eisen in einzelnen Nahrungsmitteln.

Vitamin C ist wichtig für die Aufnahme von Eisen, insbesondere von Eisen aus pflanzlichen Nahrungsmitteln. Vitamin C ist in vielen Nahrungsmitteln ausreichend enthalten. In der Regel stellt es kein Problem dar, dass Schwangere genügend Vitamin C bekommen, vorausgesetzt sie achten auf eine ausgewogene Ernährung mit genügend Früchten und genügend Gemüse. Vitamin C ist aus TCM-Sicht kühlend, klärt Hitze, ist Toxine ausleitend, klärt Herz-Hitze und wirkt beruhigend auf den Geist (Shen).

## Dritte Phase: Metall, Wasser

Der 7. bis 10. Monat, also der 177. bis 264. Tag ist die dritte Phase. In den ersten 35 Tagen stehen das Element Metall und der Herbst im Zentrum, in den 53 Tagen danach das Element Wasser und der Winter.

Dem Metall entspricht der scharfe Geschmack. Er entfaltet die aktive Energie, löst, öffnet und mobilisiert sie und wirkt an der Oberfläche. Zur Wasser-Energie gehört der salzige Geschmack. Dieser erzeugt Säfte, hält sie, sammelt sie, befeuchtet, senkt ab, wirkt abführend, erweichend und lösend. Dies passt, da das Wasser auch der Austreibungsphase entspricht und sich das Kind auf die Geburt vorbereitet. Wasser ist die ruhige Phase, in ihr finden Betrachtung und Lageerfassung statt.
Metall, scharf, 35 Tage: Gerste gekeimt, gedarrt, ungeschälter Reis. Limabohne, Pinienkerne
Wasser, salzig, 53 Tage: Hirse, Gerste, schwarzer Piemont-Reis, Riso venere, schwarze Bohne.
Hirse und Gerste werden der letzten Phase der Schwangerschaft zugeordnet. Die Hirse verkörpert ihrem Wesen entsprechend die Beweglichkeit und spiegelt sich somit in der Beweglichkeit des Fötus. Weitere Wesenseigenschaften der Hirse wie Festigkeit, Wachheit, freudiges Wesen und Weisheit beeinflussen den Fötus positiv in seiner Entwicklung (3).
Die Wesenseigenschaften der Gerste wie Licht, Sensibilität, seelische Stabilität wirken festigend auf den Bewegungsapparat und unterstützen den Fötus im Menschwerden (3).

Diese dritte Phase der Schwangerschaft ist westlich gesehen die Phase der Omega-3-Fettsäuren: Sie tragen dazu bei, dass die Hirnentwicklung optimal abläuft. Enthalten sind sie in Fisch wie Lachs und Thunfisch in Form von DHA (Decosahexaensäure). Fisch ist heute nicht unproblematisch, da er häufig radioaktiv verseucht und mit Mikroplastik versetzt ist. Aus diesen Gründen kann man hervorragend Öle nutzen. Algenölkapseln bieten die beste Bioverfügbarkeit (Aufnahmefähigkeit des Körpers). Ebenso bieten Leinöl und Walnussöl gute Alternativen. Jeden Tag ein bis zwei Esslöffel unerhitzt dem Essen zufügen, ist für die Kindesentwicklung optimal. Zusätzlich befeuchtet Leinöl den Darm und unterstützt die Darmtätigkeit, für einen weichen und angenehmen Stuhlgang. Das spielt besonders in der letzten Phase eine Rolle, wenn der Fötus auf Darm und Blase drückt oder sich Hämorrhoiden bemerkbar machen. Leinöl oder Baumnussöl täglich zu Müsli, in den Salat oder zur Hauptmahlzeit sind wunderbar und ergänzen die Speise mit einem feinen nussigen Geschmack.

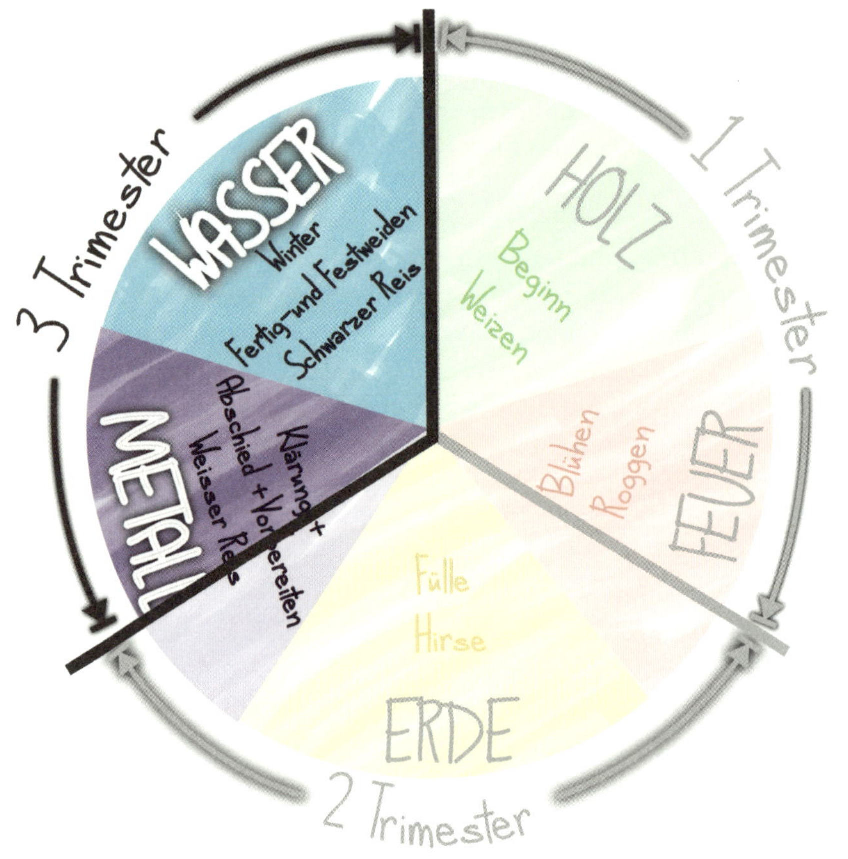


*Abbildung 6: Dritte Phase.*

## Getreide und Hülsenfrüchte je nach Phase

In der TCM werden den Getreiden Wesenseigenschaften zugeschrieben.

| Getreideart | Wesenseigenschaft |
|---|---|
| **Roggen** | Lichtkraft, Achtsamkeit, Festigkeit und Kraft der Fötus-Bildung. |
| **Hafer** | Schöpferische Kraft, innere Wärme, körperliche Kraft und Ausdauer |
| **Weizen** | Hohe Kraft des Gebens, der Harmonie und des Lebensgleichgewichts |
| **Mais** | Vertrauen und Sorgfalt, Pflichtgefühl, Verantwortungsbewusstsein, Ruhe des Körpers |
| **Reis** | Gleichmut, Gelassenheit, Reinheit infolge von Unberührtheit durch die Gegensätze des Lebens |

*Tabelle 1: Zusammenfassung Wesenseigenschaften der Getreide.*

Je nach Schwangerschaftsphase sind ganz bestimmte Getreide und Hülsenfrüchte zu bevorzugen.
(Empfehlungen zu Milch, Fleisch, Gemüse und Früchten folgen im nächsten Kapitel.)

| 1.Phase, 88 Tage<br>1. - ca. 3. Monat | | 2. Phase, 88 Tage<br>ca. 4. - ca. 7. Monat | | | 3. Phase, 88 Tage<br>ca. 8. - ca. 9. Monat | |
|---|---|---|---|---|---|---|
| Holz<br>53 Tage | Feuer<br>35 Tage | Feuer<br>18 Tage | Erde<br>53 Tage | Metall<br>35 Tage | Metall<br>35 Tage | Wasser<br>53 Tage |
| Sauer | Bitter | | Süss | Scharf | | Salzig |
| Grünkern | Roggen | | Einkorn | Gekeimte / gedarrte Gerste | | Hirse |
| Gekeimte Linsen | Amaranth | | Emmer | Weißer Reis | | Gerste |
| Azuki-bohnen | Hafer | | Kamut | Limabohne | | Schwarzer Reis |
| Quinoa | Wildreis | | Dinkel | Pinienkerne | | Schwarze Bohnen |
| | Buchweizen | | Mais | | | |
| | Kichererbsen gekeimt | | Weizen gekeimt | | | |
| | | | Weizen | | | |
| | | | Vollkorn-reis | | | |
| | | | Kicher-erbsen | | | |
| | | | Kidney-bohnen | | | |
| | | | Linsen | | | |
| | | | Mung-bohnen, Sprossen | | | |

*Tabelle 2: Getreide und Hülsenfrüchte während der Schwangerschaft: wann was zu bevorzugen ist.*

# 4. Die ersten sechs Monate – schmusig schön und natürlich nährend

Schön, das Kind ist jetzt da, gesund und laut und hungrig und schmusig. Die zentralen Themen sind jetzt Verdauung, Fieber und schnelle Veränderungen von Körper und Gemüt. Wir gehen zuerst auf allgemeine Aspekte, dann auf die Phasen null bis sechs Monate, sechs bis zwölf Monate und 12 bis 24 Monate ein.

Von einem Tag auf den anderen muss das Verdauungssystem des Kindes funktionieren. Vor der Geburt waren die Verdauungsorgane noch nicht in „Betrieb“, die Versorgung erfolgte über das Blut der Mutter.

Jetzt tritt die Milz in Aktion: In der TCM-Sprache ist sie das zentrale Organ für die Verdauung, und zwar in Verbindung mit der Bauchspeicheldrüse (Pankreas). Da die meisten Beschwerden von Kleinkindern mit der Verdauung zu tun haben, zielt die TCM auf eine Stärkung dieser noch schwachen Milz-Pankreas-Energie ab. Ist die Verdauung des Säuglings überbeansprucht, kann eine Nahrungsstagnation in Form von Völlegefühl bis Bauchschmerzen die Folge sein.

Dazu kommt: Kleinkinder sind von ihrer Natur her eher auf der Yang-Seite: Yang ist der aktive, heiße Teil, Yin der ruhigere, kühle. Falls das Yin schwach ist, nimmt das Yang überhand und „heiße“ Phänomene wie Schwitzen, Unruhe und Fieber, oft über 40 °C, sind die Folge. Wichtig beim fiebernden Kind ist, es zu beobachten und auf sein Verhalten zu achten. Wie sieht es aus, wie reagiert es, spielt es, trinkt es, nimmt es Augenkontakt auf? Solange das der Fall ist, sind keine fiebersenkende Maßnahmen nötig. Sobald aber ein Kind apathisch wird oder mit den Augen keinen Kontakt mehr aufnimmt, können fiebersenkende Maßnahmen sofort eingeleitet werden (4). Bei den meisten Kleinkindern aber lässt sich das Fieber mit Essig-Socken bzw. Wadenwickel sanft im Rahmen halten, also um die 40 °C.

Fieber ist eine gezielte Maßnahme des Körpers, um Infektionen zu bekämpfen. Aggressives Fiebersenken mit Medikamenten ist nicht von Vorteil, wenn es keine Indikation wie z.B. Apathie dafür gibt (5).

Muttermilch ist immer genau das Richtige. Die Nieren sind noch sehr klein, da ist es wichtig, sie nicht zu überlasten: Proteine, Salze und andere Mineralien können sie sehr schnell überbeanspruchen.

Außerdem hat die Muttermilch eine ideale Zusammensetzung und Menge an Nährstoffen, angepasst an die Nierenfunktion des Säuglings sowie an seine weiteren Bedürfnisse.

Es ist wichtig zu beachten, dass ein Kind noch nicht dieselbe Belastung der Niere ertragen kann wie ein Erwachsener. Die Beschränkung des Salz- und Proteingehalts von zugeführten Nahrungsmitteln ist daher sehr wichtig, damit die Nierenkapazität nicht zu sehr beansprucht wird. Schauen wir uns die Muttermilch genauer an. Ideal ist es, gänzlich auf zusätzliche Nahrungsmittel zu verzichten, die Muttermilch bietet dem Kind alles, was es braucht.

## Muttermilch – Energy Drink

Der Hauptbestandteil der Muttermilch ist Molkenprotein. Kuhmilch enthält mehrheitlich Kasein. Kasein kann Milchallergien auslösen, speziell wenn sie Babys, also sehr früh, verabreicht wird.
Muttermilch gehört zu Yin, Kuhmilch zu Yang. Das Baby neigt eher zum hitzigen Yang, das eigentlich gekühlt werden will. Also sollte das Baby nicht unbedingt noch mehr Yang erhalten, sondern eben mehr Yin – was übrigens auch dazu dient, die Körpermasse, das Yin, aufzubauen. Muttermilch fördert daher eher die Ausgeglichenheit von Yin und Yang.
Auch beim Einspeicheln gibt es Unterschiede: Muttermilch wird besser als Flaschennahrung eingespeichelt. Das unterstützt wiederum das Milz-Qi und stärkt es langfristig. Im Gegensatz zur Flaschennahrung, welche weniger eingespeichelt werden kann, ist die Wirkung eher Milz-Qi schwächend.
Das spricht einmal mehr dafür, das Kind mindestens die ersten sechs Monate zu stillen, wenn möglich und gewünscht auch länger.

### Muttermilch – aus TCM-Sicht

Das Stillen dient dem Kind in den ersten sechs Monaten hauptsächlich der Ernährung und damit der Aufnahme essentieller Nährstoffe. Dabei spielen auch die positiven Effekte des körperlichen Kontaktes und das Gefühl der Geborgenheit eine wichtige Rolle.

| Nährstoff | Funktion | Energetik |
|---|---|---|
| **Molkenprotein als Hauptbestandteil** | Muskelaufbau | Yin |
| **Kasein, ebenfalls in kleinerer Menge vorhanden** | Unterstützt Proteinverdauung | Yang |
| **Fett** | Körperfettaufbau | Yin – liefert Jing |
| **Mineralstoffe in der richtigen Menge** | Unterstützt Körperaufbau | Yin |

*Tabelle 3: Muttermilch – aus TCM-Sicht.*

Dies ändert sich langsam, sobald das Kind Breimahlzeiten bekommt. Breimahlzeiten sind dann angezeigt, sobald das Milz-Qi entwickelt ist. Das ist in der Regel dann der Fall, wenn das Kind an Brei Interesse hat. Oftmals werden die Kinder zu früh gefüttert. Die Kinder wollen dann den Brei nicht schlucken, sondern befördern ihn mit der Zunge immer wieder aus dem Mund hinaus.

Anfangs ist dies eine Mahlzeit pro Tag oder auch nur ein paar Löffel. Sobald das Kleinkind sich mit der Festnahrung in Form von Brei vertraut gemacht hat, werden die Stillmahlzeiten reduziert. Eventuell wird noch nach einer Breimahlzeit gestillt oder nur noch am Morgen und am Abend. Dies ist sehr individuell und das Bedürfnis des Babys ändert sich von Woche zu Woche oder kürzer. Diese Stillmahlzeiten sind nicht mehr vorwiegend für die Nährstoffzufuhr wichtig, sondern in erster Linie für den sozialen und seelischen Kontakt. Die Brust ist für das Kind ein wichtiger Kontaktbereich, denn an der Brust wird ein Kind eher ruhig, als wenn es nur in den Armen gehalten wird.

Die Muttermilch verändert sich während der Stillzeit. Sie passt sich den sich verändernden Bedürfnissen des Kindes an.

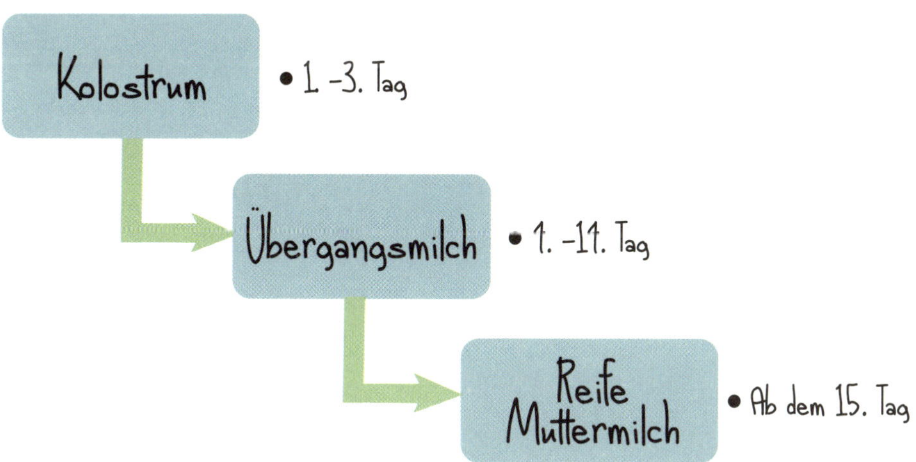


*Abbildung 7: Kolostrum – Übergangsmilch – reife Muttermilch.*

Zusammensetzung der Muttermilch im Vergleich mit Kuhmilch und Säuglingsmilch

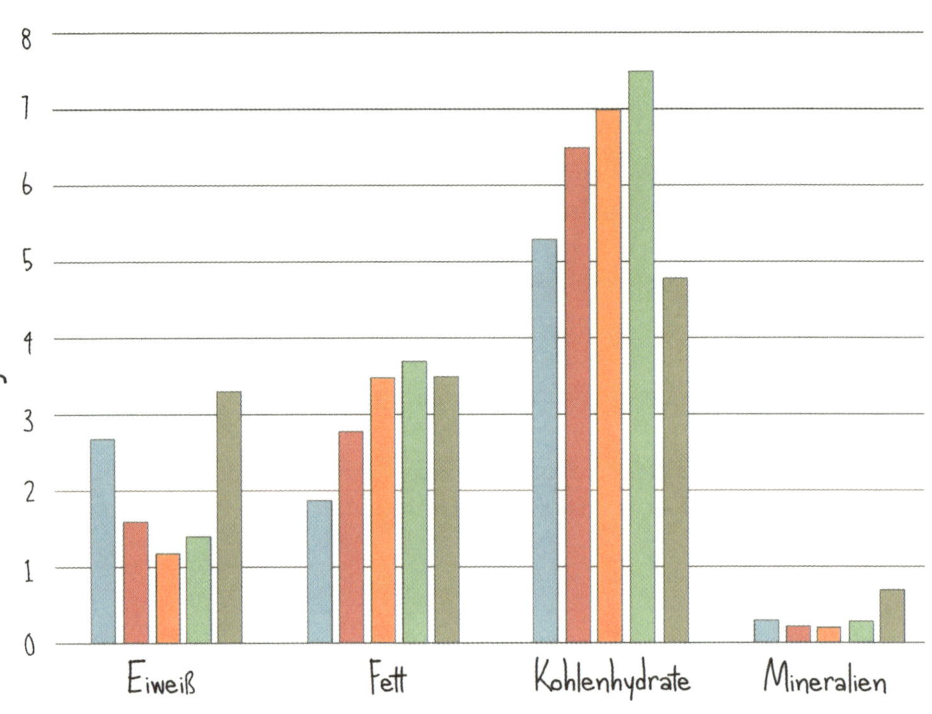

*Abbildung 8: Zusammensetzung Kolostrum – Übergangsmilch – Reife Milch.*

**Vergleich Muttermilch mit Kuhmilch bezüglich der einzelnen Mineralstoffe**

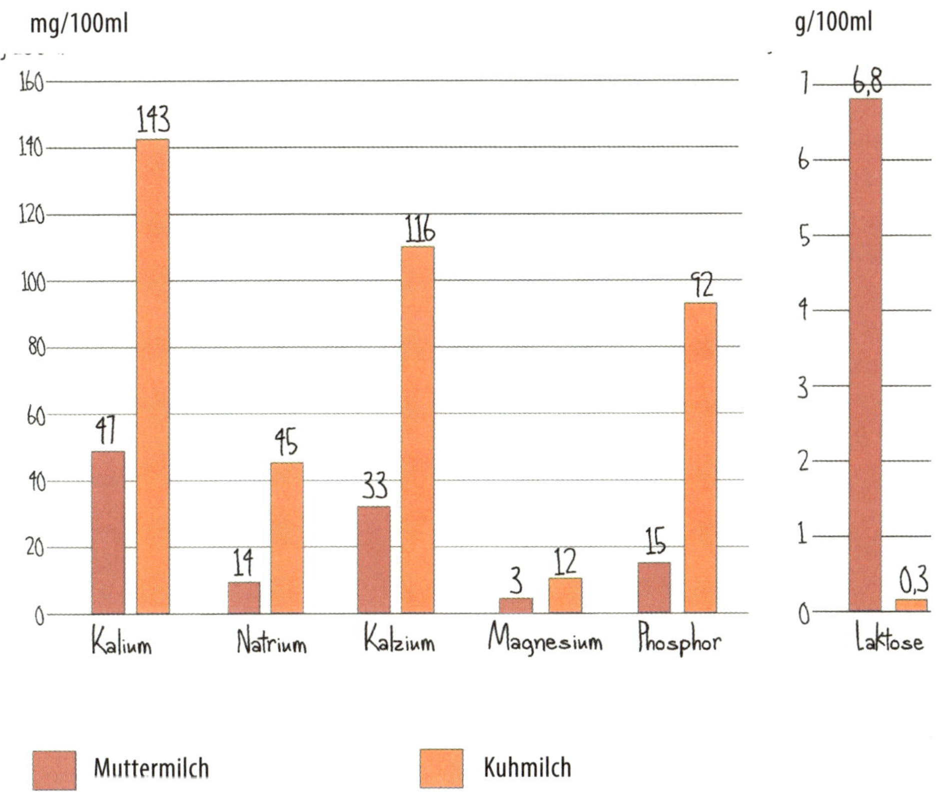


*Abbildung 9: Vergleich Muttermilch mit Kuhmilch bezüglich der einzelnen Mineralstoffe.*

Die Abbildung zeigt den Unterschied deutlich: Zwar liefert Kuhmilch mehr als das Dreifache an Kalium, Natrium, Kalzium, Eisen, Magnesium und das über Sechsfache an Phosphor im Vergleich zu reifer Muttermilch. Doch das führt zu einer Überbeanspruchung der kindlichen Niere (7).

## Kolostrum – die Vormilch stärkt die Immunabwehr

Ein Neugeborenes erfährt in der ersten Woche nach der Geburt einen Gewichtsverlust, der bis zu 10 % des Geburtsgewichtes sein kann, aber immer noch physiologisch ist. Aus TCM-Sicht geht Yin verloren. Während der ersten Stunden nach der Geburt geht das Baby durch eine kurze Fastenzeit. Diese wirkt als Reinigung und der erste Stuhlgang dient der Ausscheidung der Toxine via Kindspech, auch Mekonium genannt.

Das Ausscheiden des Kindspechs (Mekonium) findet in den ersten 24 bis 48 Stunden nach der Geburt statt. Es kann bis zu fünf Tage nach der Geburt ausgeschieden werden und wird anschließend durch Fäzes/Stuhl ersetzt, der sich dann von schwarzer oder dunkler Farbe in eine gelbliche Farbe verändert.

In der Fastenzeit wird die vorgeburtliche Energie (das vorgeburtliche Jing/Essenz), also die Energie, welche das Kind mitbringt, gebraucht, um Blut im Knochenmark zu bilden. Sobald die Muttermilchnahrung einsetzt, wird die nachgeburtliche Energie (das nachgeburtliche Jing/Essenz), also die Energie, welches das Kind sich nach der Geburt durch Nahrung erwirbt, aufgebaut.

Kolostrum ist die Vormilch, die null bis vier Tage nach der Geburt dem Baby als Nahrung zur Verfügung gestellt wird. Sie hat weniger Kalorien und weniger Fett, dafür mehr Protein, mehr Mineralstoffe und eine höhere Konzentration von Vitamin A und E als reife Muttermilch. Kolostrum ist reich an Immunglobulinen (Antikörper), welche aus Aminosäuren zusammengesetzt sind und der Immunabwehr des Neugeborenen dienen. Diese Abwehr bekommt das Kind durch die Muttermilch und ist der sogenannte „Nestschutz“ der Mutter. Die gelbe Farbe des Kolostrums ist auf den Karotingehalt zurückzuführen. Kolostrum kann bereits ein paar Tage vorgeburtlich aus der Brust tröpfeln und steht somit dem Neugeborenen direkt nach der Geburt zur Verfügung. Es kann aber auch erst ein paar Stunden bis eventuell 24 Stunden nach der Geburt gebildet werden. Wird Kolostrum erst spät gebildet, lebt das Kind solange vom vorgeburtlichen Jing, der vorgeburtlichen Energie. Im Spital wird den Säuglingen bei verspäteter Kolostrum-Bildung häufig als Übergang eine Glukoselösung verabreicht.

Das Kolostrum ist der Startschuss für die Umwandlungsfunktion der Nahrung des Neugeborenen außerhalb der Gebärmutter. Außerdem unterstützt der hohe Anteil der Immunglobuline A (Antikörper IgA) in der Muttermilch die Funktion des Immunsystems (Wei-Qi). Durch den geringen Fettgehalt und die spezielle Zusammensetzung ist Kolostrum für die Milz/Pankreas-Energie des Neugeborenen leicht umzuwandeln.

**Das Kolostrum stärkt das Immunsystem, das Wei-Qi.**

| Wirkung von Kolostrum | Energetik |
|---|---|
| Fettgehalt gering (essentielle Fettsäuren vorhanden) | Yin |
| Laktosegehalt (geringer als in reifer Muttermilch) | Yang |
| Eiweißanteil erhöht (3x mehr als in reifer Muttermilch, essentielle Aminosäuren enthalten) | Yin |
| Immunglobuline, erhöhter Gehalt (v.a. IgA, 5x höher als in reifer Muttermilch) | Wei-Qi tonisierend |
| Darmflora aufbauend (z.B. Bifidus- und Laktobakterienkulturen) | Wei-Qi tonisierend |
| Mineralgehalt erhöht | Yang |
| Enzyme (Eiweiße, Vitamine, Spurenelemente), die als biologische Katalysatoren wirken | Yang |
| Stabilisierende Wirkung auf den Blutzucker | Yang |

*Tabelle 4: Kolostrum ist sogar gut für den Blutzuckerspiegel.*

## Vom Kolostrum zur reifen Milch

Die transitorische Milch, auch Übergangsmilch genannt, ist die Milch, die zwischen dem vierten und dem 14. Tag nach der Geburt gebildet wird. Ihre Zusammensetzung ändert sich, bis sich die reife Muttermilch gebildet hat. Fettgehalt, Laktose und Alpha-Laktalbumine nehmen zu, während die Anteile an Eiweiß, IgA, IgG, Lysozym, Laktoferrin, Natrium und Eisen geringer werden. Nach etwa zehn bis 14 Tagen ist bei einem Großteil der Mütter der Übergang zur reifen Muttermilch vollzogen.

## Die reife Muttermilch

Die Muttermilch verändert sich in ihrer Zusammensetzung vom Kolostrum über die Übergangsmilch zur reifen Milch. Nach etwa 14 Tagen wird sie die reife Muttermilch genannt. Sie enthält, verglichen mit dem Kolostrum, gut 10 % mehr Kalorien pro 100 ml, fast 40 % mehr Laktose, 60 % weniger Eiweiß, 80 % mehr Fett, 40 % weniger Mineralstoffe und Spurenelemente, 70 % weniger Natrium, 78 % weniger Zink, weniger fettlösliche und dafür mehr wasserlösliche Vitamine. Diese Änderungen sind Durchschnittswerte und können von Muttermilch zu Muttermilch sowie innerhalb des Laktationsstatus variieren. Klar und deutlich zeigen diese Änderungen aber, dass das Neugeborene bis zum 14. Tag andere Bedürfnisse hat als danach.

**Reife Muttermilch aus Sicht der westlichen und der chinesischen Medizin**

| Zusammensetzung | Westliche Sicht | Energetik |
|---|---|---|
| Wassergehalt >80 % | Wasserhaushalt- und Temperaturregulierung | Yin |
| Laktose | Glukose, liefert Energie für das schnelle Wachstum des Gehirns | Yang |
| | Galaktose, unterstützt die Entwicklung des Gehirns/Zentralnervensystems | Yin |
| Fettgehalt | 1/3 mehr Fett als im Kolostrum, unterstützt physiologische Vorgänge bei der Entwicklung | Yin |
| | Omega-3-Fettsäuren entwickeln Gehirn / ZNS / Nervenbahnen (Myelinschicht) | Yin |
| | Omega-6-Fettsäuren, in Form von GABA beugen allergischen Symptomen vor | Yang |
| Eiweiße | 2/3 niedriger als im Kolostrum (Nierenüberlastung) | Yin |
| | Molke (60 %) (Kolostrum hat 80 %) enthält Lactoalbumine, Immunoglobuline, leicht verdaulich | Wei-Qi tonisierend |
| | Kasein (40 %) (Kolostrum hat 20 %) unterstützt Kalzium / Phosphat-Aufnahme | Yang |
| | Laktoferrin (bindet Eisen und erhöht die Bioverfügbarkeit des Eisens) | Yang |
| Lymphozyten | Makrophagen und neutrophile Granulozyten (Katalysator für Lysozyme in Darmgewebe des Säuglings) | Yang |
| Lysozyme | Produziert von Makrophagen in Muttermilch, wirken entzündungshemmend und antibakteriell | Wei-Qi tonisierend, Hitze kühlend |
| Mineralstoffe/ Spurenelemente | Unterstützen Körperfunktionen und -wachstum | Yin |

*Tabelle 5: Reife Muttermilch.*

## Stillen trotz wenig Muttermilch

Für viele Mütter kann es frustrierend sein, wenn wenig Muttermilch vorhanden ist. Trotzdem lohnt es sich, das Kind auch in diesem Fall zu stillen. Einerseits wird mit etwas Glück durch den wiederholten Reiz die Produktion angeregt. Andererseits ist es besser, auch nur wenig Muttermilch zu geben als gar keine.
Als Ergänzung empfehlen wir die Energiebällchen basierend auf dem Grundrezept von Ingeborg Stadelmann, der Autorin des Buches: „Die Hebammensprechstunde" (8).
Wir empfehlen aber unbedingt folgende Anpassungen. Auf qualitativ hochwertige, biologische Margarine achten, z.B. auf der Basis von Kokosöl. Transfettsäuren müssen vermieden werden. Ausserdem empfehlen wir, Weizen durch Dinkel zu ersetzen.

**Zutaten:**
1 kg Weizen, Gerste, Hafer (nach Belieben mischen)
300 g gekochter Vollkornreis
350 g Butter / Margarine / oder 100 g Olivenöl
300 g Honig
evtl. 1 Tasse fein gehackte Nüsse (Hasel- oder Cashewnüsse, Mandeln)
1 Glas Wasser

**Zubereitung:**
Das Getreide mischen, grob schroten (oder schon geschrotet kaufen). Selber schroten ist die bevorzugte Variante, macht Spass und riecht toll: nussig und frisch. Fertig geschrotetes Getreide ist der Oxidation ausgesetzt. Das Schrot wird entwertet und kann auch ranzig riechen. Die Anschaffung einer Getreidemühle lohnt sich auf jeden Fall.
Das Schrot in einer großen Pfanne ohne Öl rösten, bis es leicht braun ist. Das Getreide riecht dann intensiv nach einer Mischung aus Popcorn und gebrannten Mandeln.
Das noch warme Getreide mit den restlichen Zutaten vermischen. Dabei vorsichtig das Wasser zugeben, bis die Masse gut formbar wird.
Aus der Masse ca. 2 cm grosse Bällchen formen.
Die fertigen Kugeln können noch in Kokosflocken, geröstetem Sesam oder in Kakaopulver paniert werden.
Zwei bis fünf Stück am Tag sollten reichen. Den Rest, wegen der Butter, unbedingt im Kühlschrank aufbewahren.

## Stilltee – die Milchbildung fördern

Nicht nur das ausreichende Essen ist wichtig, auch auf Getränke sollte geachtet werden. Stillen macht Durst. Empfohlen sind Wasser, verdünnte Säfte und Tee.
Achtung beim Genuss von Salbei und Pfefferminztee: Beides reduziert die Milchmenge. Das kann man sich bei einer übermäßigen Milchproduktion natürlich zu Nutze machen.

Stilltee ist gut zur Förderung der Milchbildung und gut gegen Blähungen beim Kind und der Mutter. Dieser Tee ist ebenfalls aus dem Buch „Die Hebammensprechstunde“ und besteht zu gleichen Teilen aus (8):
**Anis** – regt den Milchfluss an, sorgt für guten Schlaf und ist krampflösend
**Dillfrüchte** – unterstützen die Milchbildung, wirken entkrampfend und sind gut gegen Blähungen
**Fenchel** – wirkt krampflösend und ist gut gegen Blähungen
**Majoran** – wirkt krampflösend
**Melisse** – beruhigt die Nerven, hilft gegen Schlafstörungen und Nervosität
**Schwarzkümmel** – wirkt stärkend und gegen Blähungen
Einen Teelöffel pro Tasse fünf bis zehn Minuten ziehen lassen.
Pro Tag können zwei grosse Tassen getrunken werden.

## Nährstoffe, die wirklich aufgenommen werden

Der Fachbegriff dafür, wie gut Nährstoffe, wie zum Beispiel Mineralien, aufgenommen werden können, lautet Bioverfügbarkeit. Diese Bioverfügbarkeit der Muttermilch ist um einiges größer als die der konventionellen Säuglingsnahrung.
Das ist wichtig zu wissen: Denn sonst kommt man zu falschen Schlüssen, wenn man die Nährwertangaben von Flaschenmilch mit denjenigen von Muttermilch vergleicht. Die entscheidende Frage ist: Werden die Nährstoffe tatsächlich auch aufgenommen?
Zum Beispiel ist der Eisen- und Zinkgehalt der Muttermilch um einiges geringer als in konventioneller Säuglingsmilch. Dennoch ist die Bioverfügbarkeit von Eisen und Zink aus der Muttermilch um einiges höher (9): Die Bioverfügbarkeit von Eisen aus der Muttermilch ist mit fast 50 % (10) höher als die von Säuglingsmilch (Flaschenmilch), welche mit Eisen angereichert wurde und bei ca. 11 % ist (11) .

## Muttermilch – unnachahmlich vollendet

### Eisen, bioverfügbar

Lactoferrin ist ein wichtiger Bestandteil der Muttermilch: Es bindet Eisen und unterstützt so seine Bioverfügbarkeit, also seine Aufnahme im Magen-Darm-Trakt. Jedoch gilt zu beachten: Konventionelle Säuglingsnahrung wird mit Lactoferrin aus Kuhmilch angereichert, und das ist problematisch. Kuhmilch-Lactoferrin zeigt nämlich keinen Effekt auf die Eisenabsorption beim Säugling.

Auch wenn also die Muttermilch sehr wenig Eisen enthält, wird dessen Aufnahme in den Körper durch das Lactoferrin der Muttermilch physiologisch unterstützt. Das gewährleistet, dass das Baby genügend Eisen aufnehmen kann.

Nicht nur das. Denn zusätzlich wirkt Lactoferrin synergistisch, und zwar zusammen mit den Lysozymen (ein Enzym des Immunsystems, es unterstützt die Verdauung): Diese Enzyme wirken antibakteriell und antiviral (12).

Zusätzlich wird nach dem 15. Tag mehr Hämoglobin A (HbA) synthetisiert und der Anteil an Hämoglobin F (HbF) nimmt langsam ab. Im Alter von ein bis zwei Monaten sinkt der HbF-Wert ca. auf 50 %, bis das Baby im Alter von ca. sechs Monaten den Anteil an HbA erreicht hat, welches den Erwachsenen-Werten gleichkommt (13).

In Muttermilch stecken etwa 3000-mal mehr Lysozyme als in Flaschenmilch: etwa 100mg in einem Liter Muttermilch, aber nur ein bis vier mg in einem Liter Flaschenmilch aus Kuhmilch. Lysozyme sind Enzyme, welche eine immununterstützende Wirkung beim Säugling haben und somit antibiotisch wirken. Sie brechen die Zellwände grampositiver Bakterien auf und töten so das Bakterium; zusammen mit Lactoferrin brechen sie sogar die Zellwände gramnegativer Bakterien. Demzufolge sinkt die Infektanfälligkeit bei Säuglingen, die mit Muttermilch in den ersten Lebensmonaten ernährt werden (14).

**Veränderung von HbF und HbA im Säugling bis sechs Monate**

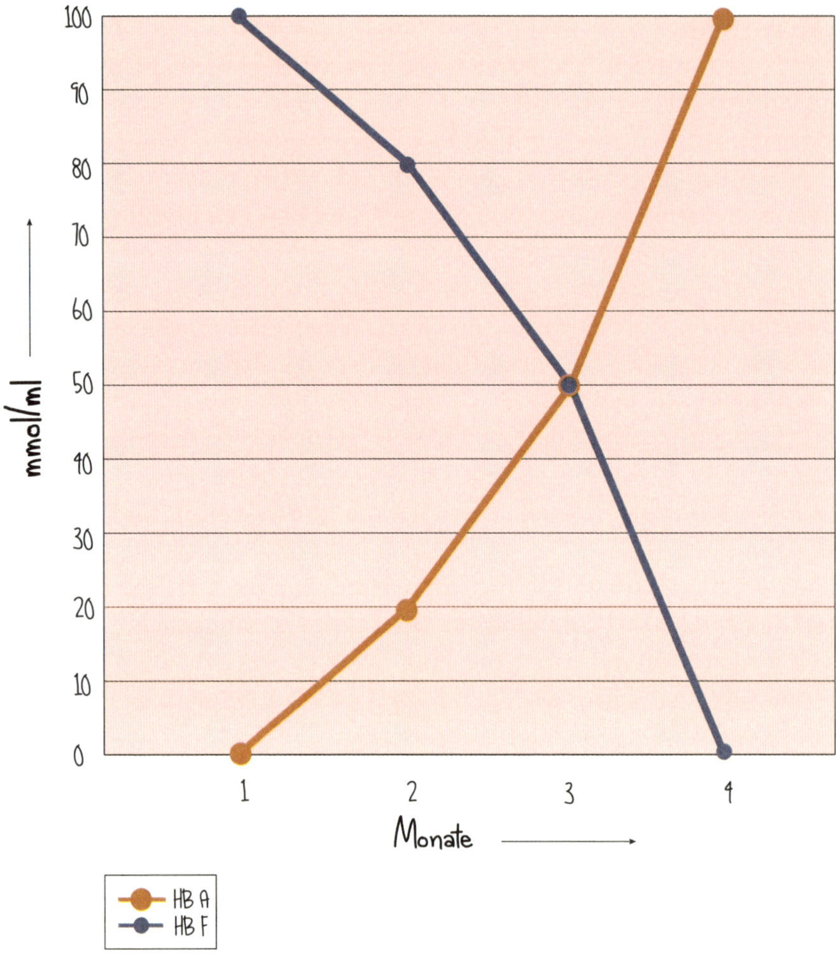


*Abbildung 10: Veränderung von HbF und HbA im Säugling bis 6 Monate.*

Diese physiologische Veränderung vom fetalen Hämoglobin (HbF) zum erwachsenen Hämoglobin (HbA) über die ersten sechs Monate kann den Säugling in den ersten sechs Monaten vor Infektionen schützen.

### Ein weiterer Grund für gute Bioverfügbarkeit: α-Lactalbumin

Auch α-Lactalbumin ist in der Muttermilch vorhanden und hat einen positiven Effekt auf die Absorption von Mineralien wie Kalzium, Zink und Eisen durch den Säugling. Diese höhere Bioverfügbarkeit hilft dem Säugling, diese Mineralstoffe effizient aufzunehmen. Dies erklärt, weshalb Flaschenmilch im Vergleich zu Muttermilch höhere Mineralstoffgehalte aufweist. Die Kuhmilch als Basis von Säuglingsmilch enthält kein α-Lactalbumin, was die Aufnahme begünstigen würde. Deshalb müssen die Mineralstoffe höher dosiert werden (15).

### Lysozyme lösen Bakterien auf

Lysozyme werden von Makrophagen in der Muttermilch produziert und wirken entzündungshemmend und antibakteriell. Einfach gesagt lösen sie durch einen chemischen Prozess die Zellwende der unerwünschten Bakterien auf, was wieder dem „Nestschutz“ des Säuglings zu einer guten Immunabwehr verhilft.

### Amylase – aus komplex wird einfach

In der Flaschenmilch gibt es keine Amylase, in der Muttermilch hingegen schon. Amylase ist ein Enzym, welches auch bei niedrigem pH-Wert aktiv und relativ stabil ist. Somit kann die Muttermilch-Amylase den niedrigen Amylase-Spiegel eines Säuglings kompensieren und die Verdauung von komplexen Kohlenhydraten unterstützen, sobald dem Kind feste Nahrung gegeben wird. Ob die mütterliche Amylase in der Muttermilch signifikant zur Kohlenhydratverdauung beiträgt, muss in weiteren Studien nachgewiesen werden (12).

### Nestschutz: Antikörper

Die Antikörper in der Muttermilch helfen dem Säugling bei der Abwehr von ganz bestimmten Krankheitserregern (16). Sie sind die Basis für den sogenannten Nestschutz, also den Schutz des Säuglings über die mütterlichen Abwehrkräfte in der Muttermilch. Die Antikörper bestehen aus Immunglobulinen, speziell dem Immunglobulin A (IgA), das dem Kind zusammen mit anderen Immunglobulinen (IgG) auch schon über den Mutterkuchen übertragen wurde.

### β-Kasein macht's möglich

Kasein ist neben dem Molkenprotein mit ca. 60 % der Hauptbestandteil von Kuh- und Ziegenmilch. Es hat die Fähigkeit, Eiweiße, Kalzium und Phosphate zu speichern und zu transportieren. Es gibt verschiedene Formen von Kasein (siehe Abbildung 11). In der Muttermilch hat es nur β- und κ-Kasein im Vergleich zu Kuh- bzw. Ziegenmilch, die auch andere Formen wie αS1- bzw. αS2-Kasein aufweisen. Dieses β-Kasein führt zu einer hohen Bioverfügbarkeit von Kalzium in der Muttermilch (14). Ebenfalls sehr gut: Muttermilch enthält keine αS1- und αS2-Kaseine; diese Kaseine stehen im Verdacht, für Allergien verantwortlich zu sein (17).

**Muttermilch hat keine αS1- und αS2-Kaseine. Hingegen sind sie in Ziegen- und Kuhmilch vorhanden; diese Kaseine können Allergien auslösen.**

Kasein-Eiweiß-Verteilung in Muttermilch, Ziegenmilch und Kuhmilch

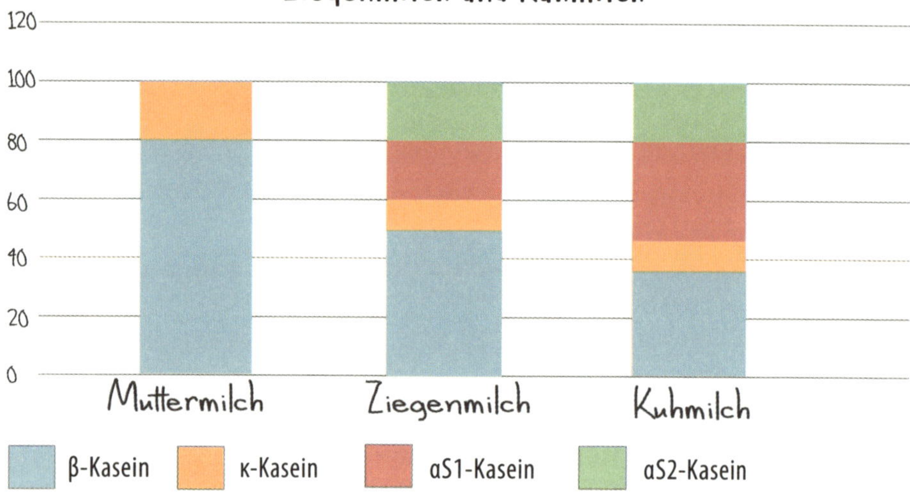


*Abbildung 11: Kasein-Verteilung in Muttermilch, Ziegenmilch und Kuhmilch.*

**Molke, bestens verträglich**

Molkenprotein ist der Hauptbestandteil der Muttermilch. Das Kolostrum besteht bis zu 80 % und die reife Milch etwa zu 60 % aus Molkenprotein. Es gibt verschiedene Arten Molkenproteine. Industriell hergestellte Säuglingsmilch basiert meistens auf Kuhmilch und enthält zu nur 20 % Molkenproteine.

Problematisch ist auch, dass in Kuhmilch-Flaschennahrung verdauungsresistente β-Lactoglobuline enthalten sind. In der Muttermilch kommen sie nicht vor. Diese β-Lactoglobuline können zu Unverträglichkeit von Kuhmilch führen.

In einer Studie wurde belegt, dass β-Laktoglobulin aus der Ziegenmilch vom Menschen besser verdaut werden kann. Dies ist möglicherweise eine Erklärung für die bekömmlicheren, hypoallergenen Eigenschaften von Ziegenmilch (17).

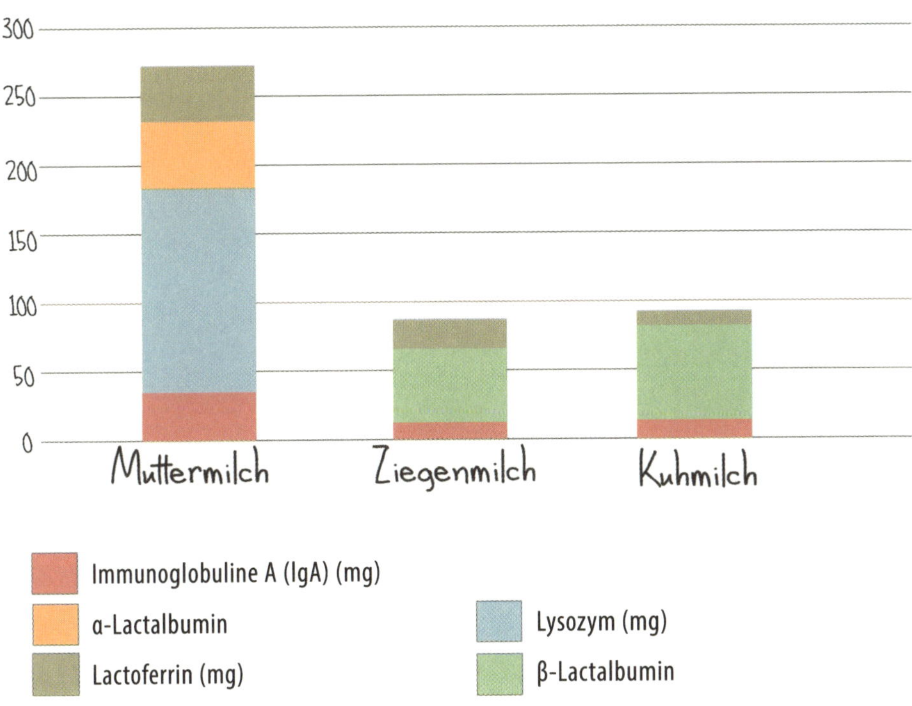


*Abbildung 12: Deshalb ist Muttermilch einzigartig.*

- Muttermilch hat einen höheren Wert an Immunglobulinen.
- Sie enthält Lysozyme gegen Bakterien und Lactoferrin zur Erhöhung der Bioverfügbarkeit.
- Sie hat kein β-Lactalbumin, das zu Unverträglichkeit führen kann.

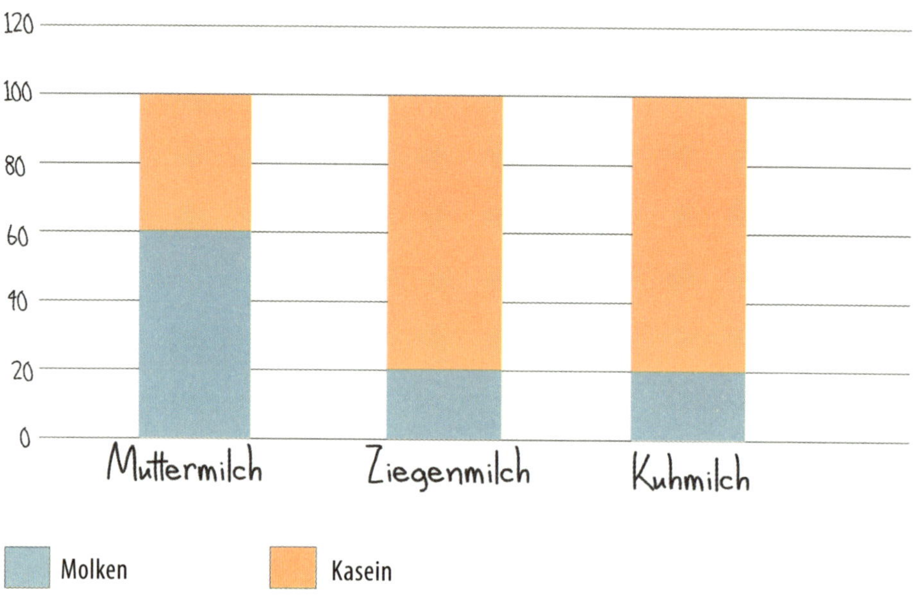


*Abbildung 13: Molke-Kasein-Verhältnis.*

## Trinkmenge

Flaschenmilchkinder trinken prinzipiell schneller und mehr pro Mahlzeit, aber insgesamt pro Tag die gleiche Menge wie ein Brustmilchkind. Still-Kinder erhalten im ersten Lebensmonat durchschnittlich fünf bis zehn Mahlzeiten pro Tag, Flaschenkinder durchschnittlich fünf bis sechs Mahlzeiten pro Tag. Ein Kind an der Brust trinkt ca. 10 bis 15 Minuten lang, wobei natürlich die Brust auch nach fünf Minuten schon leer getrunken sein kann.

Die Nährwerte der Muttermilch ändern sich von Mahlzeit zu Mahlzeit, ebenso innerhalb einer Mahlzeit. Die Muttermilch wird innerhalb einer Mahlzeit nährstoffreicher. Das heißt, je leerer die Brust wird, desto mehr können Fett- und Eiweißgehalt steigen; der Fettgehalt um das Vierfache und der Eiweißgehalt um das Fünffache. Die Muttermilch am Ende des Stillens ist also nährstoffreicher und hat eine höhere Kaloriendichte als die Milch beim Ansetzen. Demzufolge ändern sich für das Kind der Ge-

schmack und die taktilen Empfindungen an der Brust. Diese Änderungen während einer Brustmahlzeit regulieren den Appetit des Säuglings. Hingegen bleibt die Flaschenmilch in ihrer Nährstoffzusammensetzung immer gleich. Eine Flasche wird auch verschieden schnell leer getrunken. Sie kann von einigen Kindern innerhalb von fünf Minuten leer getrunken werden, andere brauchen länger. Nach etwa 20 Minuten lässt die Trinkbereitschaft nach, so dass die Mahlzeit beendet werden kann.
Während der Stillphase können sogenannte Appetitspurts auftreten: Das Kind benötigt mehr Muttermilch, als die Mutter produzieren kann. Bis sich der Körper der Mutter angepasst hat und mehr Milch bereitstellt, dauert es ein bis drei Tage.
Für die Mutter ist es wichtig, darauf zu vertrauen, dass sich ihr Körper mit Sicherheit umstellt. Dazu ist es nötig, das Kind, wenn es hungrig ist, unbeirrt anzusetzen, um dadurch die Milchproduktion anzuregen. Das Durchhaltevermögen sowie das Bewusstsein, dass dies physiologisch richtig ist und nichts mit einem „Versagen" der Mutter zu tun hat, kann zu einem als schön empfundenen Stillen führen (18).
Diese Phasen können zwischen dem dritten und dem sechsten Tag nach der Geburt auftreten, überdies in der zweiten und der sechsten Woche und später im zweiten Monat. Beim ersten Zahnen des Säuglings kann diese Phase nochmals auftreten.

Erfahrungsgemäß gehen unerfahrene Mütter bei solchen Appetitspurts zum Kinderarzt, weil ihr Kind unruhig ist oder mehr schreit als sonst. Meistens wird geraten, mit industrieller Säuglingsersatzmilch nachzufüttern, in der Meinung, die Mutter habe zu wenig Milch – was in diesem Moment ja auch stimmt. Diese Zufütterung jedoch bedeutet den Anfang vom Ende der mütterlichen Milchproduktion.

**So oft, so viel: Ernährung in den ersten drei Lebensmonaten (18).**

| Alter in Monaten | 1 | 2 | 3 |
|---|---|---|---|
| **Brustmahlzeiten** | 5-10 | 5-8 | 5-8 |
| **Flaschenmahlzeiten** | 5-6 | 5 | 4-5 |
| **Trinkmenge (ml/kg)** | 150-210 | 140-190 | 130-190 |
| **Trinkmenge pro Tag (ml)** | 400-800 | 600-900 | 600-1000 |
| **Gewichtszunahme (g/Woche)** | 80-300 | 80-300 | 80-300 |

*Abbildung 14: Die Menge an Brust- und Flaschenmahlzeiten unterscheidet sich.*

Es ist wichtig, was die Mutter während der Stillzeit isst, denn jegliche Stoffe, somit auch belastete Stoffe, gehen in die Muttermilch über und gelangen somit während des Stillens zum Kind. Je mehr Bioprodukte und naturbelassene, pflanzliche Nahrunsmittel während des Stillens gegessen werden, desto weniger Giftstoffe, wie z.B. Pestizide, erhält das gestillte Kind über die Muttermilch (7).

## Flaschenmilch: die TCM sagt Nein

Säuglingsmilch wird in einem hochprofessionellen Verfahren und mit viel Knowhow hergestellt. Es ist ein Prozess, bei dem man möglichst nahe an die Zusammensetzung der Muttermilch herankommen möchte. Das ist aber nicht einfach, weil die Muttermilch doch eine andere Zusammensetzung aufweist als Kuhmilch. Die meisten Säuglingsmilchangebote basieren auf Kuhmilch. Es gibt einige wenige, die auf Sojamilch oder Ziegenmilch basieren.

Der Prozess der Herstellung künstlicher Säuglingsmilch lässt sich wie ein Puzzlespiel vorstellen. Man zerlegt die Kuhmilch in einzelne Bestandteile und fügt danach die einzelnen Zutaten so zusammen, dass das Ergebnis möglichst nahe an die Zusammensetzung der Muttermilch herankommt. Diese Imitation unterliegt strikt dem Nahrungsmittelgesetz für Säuglingsanfangsmilch (19). Industriell hergestellte Säuglingsmilch muss eine Mindestmenge an Eiweiß enthalten und die Richtlinien für Vitamine und Mineralstoffe einhalten.

Doch ist es eigentlich nicht möglich, die beiden „Milcharten“ zu vergleichen. In der reifen Muttermilch gibt es ca. 40 % Kasein und 60 % Molke-Eiweiß. Beim Kolostrum liegt das Verhältnis sogar bei 20 % Kasein und 80 % Molke. In der Kuhmilch sind es 80 % Kasein und 20 % Molke-Eiweiß. Es besteht also ein großer Unterschied, und genau dieser Unterschied ist relevant; er macht, dass industriell hergestellte Säuglingsmilch im Sinne der TCM geradezu „unerträglich“ ist.

**Säuglingsmilch aus TCM-Sicht**

| Inhaltsstoff | Prozess | Energetik |
|---|---|---|
| **Vollmilch** | Milch wird zu Magermilch entrahmt | Neutral - Yang (Jing wird aus der Milch entfernt) |
| **Magermilch** | UHT (Erhitzung) | Yang (Hitze wird zugeführt) |
| **Dehydriertes Magermilchpulver** | Wasser wird der UHT-Milch durch Spray-Trocknung entzogen | Yang (Yin-Anteil = Wasser wird entzogen) |
| **Molkenprotein (entmineralisiert)** | Zugabe von entmineralisiertem Molkenprotein | Etwas Yin (ohne Mineralstoffe) |
| **Alpha-Lactablumin** | Zugabe von Alpha-Lactablumin von Molke | |
| **Lactose** | Zugabe von Lactose, um Kalziumabsorption zu fördern | Yang |
| **Fettmix** | Zugabe von verschiedenen pflanzlichen Ölen | Yin |
| **Aminosäuren** | Zugabe von verschiedenen Aminosäuren | Yin |
| **Mineralstoffe** | Zugabe von Mineralstoffen | Yin |
| **Vitamine** | Zugabe von verschiedenen Vitaminen | Yang |
| **Taurin** | Katalysierende Eigenschaft für Stoffwechsel und Herzfunktion | Yang |
| **L-Carnitin** | Katalysierende Eigenschaft für Stoffwechsel | Yang |

*Tabelle 6: Säuglingsmilch ist aus TCM-Sicht keine gute Wahl.*

Wenn eine Mutter ihr Kind nicht stillen kann, ist Säuglingsmilch bestimmt die geeignetste Lösung, um den Säugling nährstoffgerecht zu ernähren. Ab dem 6. Monat, sobald das Kleinkind anfängt, Breie, Gemüse und Früchte zu essen und die Milchmahlzeiten weniger wichtig werden, ist jedoch unbedingt von Kuhmilchprodukten oder weiterer industriell hergestellter Follow-up-Milch abzuraten. Weit besser ist es, auf Getreide-Tau-Drinks zurückzugreifen, auch wenn es Zeit in Anspruch nimmt, diese zuzubereiten – es lohnt sich dem Kind zuliebe (siehe Rezepte in Kapitel 8). Tau ist eine vielseitig verwendbare Vollkorn-Grundnahrung für die ganze Familie (Firma Erdmannhauser). Das Vollkorn ist gedarrt und gekeimt. Der Vitamin- und Mineralstoffgehalt wird dadurch vervielfacht, Tau ist sehr bekömmlich und ermöglicht eine hohe Bioverfügbarkeit.

# 5. Von sechs bis zwölf Monaten: Drink, Brei, Festnahrung

Die meisten Mütter gehen spätestens nach dem ersten vollendeten Lebensjahr dazu über, das Kind nicht mehr zu stillen, sondern ihm Kuhmilch zu geben. Das ist, wie wir bereits ausgeführt haben, aus unserer Sicht nicht zu befürworten. Kuhmilch ist für einen Menschen nicht „artgerecht“ und sollte auch beim Kind, um Langzeitfolgen wie beispielsweise Allergien oder Leaky-Gut-Syndrom auszuschließen, möglichst vermieden werden. Kuhmilch ist natürlich auf die Bedürfnisse eines Kalbes abgestimmt. Es gibt bei einer gesunden und ausgewogenen Ernährung, sei sie für Mischköstler, Vegetarier oder Veganer, genug Quellen von Kalzium. Die Sorge, dass das Kind nicht genügend Kalzium bekommt, ist in der Regel der Hauptgrund, weshalb Ärzte den Eltern anraten, Milchprodukte zu verabreichen oder Eltern selbst meinen, etwas Gutes zu tun, wenn sie ihrem Kind Kuhmilch oder Folgemilch geben.

Allerdings ist der Phosphatgehalt von Kuhmilch so hoch, dass sie für ein Kleinkind nicht geeignet ist. Außerdem ist das Verhältnis von Phosphat zu Kalzium in Kuhmilch fast eins zu eins und in Muttermilch knapp eins zu zwei. Phosphat ist ein Kalziumräuber, d.h. es entnimmt dem Knochen Kalzium. Wir konsumieren Milch, und das in hohen Mengen, wegen des darin enthaltenen Kalziums. Wir ignorieren aber, dass der Phosphatgehalt ebenfalls hoch ist und den Knochen Kalzium gleichzeitig wieder entzieht (20). Zusätzlich ist zu beachten, dass für eine gute Kalziumaufnahme in die Knochen das Verhältnis zu Magnesium relevant ist. Ebenso zeigen verschiedene Studien, dass Osteoporose-Krankheiten in denjenigen Ländern am meisten verbreitet sind, in denen die höchste Menge an Milchprodukten konsumiert wird (21), (22), (23).
Dazu kommt: Die „empfohlene Tagesdosis von Kalzium“ wird von unseren Ernährungskommissionen (World Health Organization WHO, Deutsche Gesellschaft für Ernährung DGE) stetig angepasst. Diese Dosis ist mittlerweile so hoch angesetzt, dass sie eigentlich gar nicht mehr ohne Milchprodukte erreicht werden kann. Man müsste Unmengen an Gemüse und Früchten essen, um diese Werte zu erreichen. Milchprodukten wird in der Ernährungspyramide der Ernährungskommission Schweiz (Schweizerische Gesellschaft für Ernährung SGE) ein eigenes Feld zugeordnet, als könnte man nicht ohne Milchprodukte auskommen.
Weiter: Bei einem Kleinkind ist die Nierentätigkeit noch nicht so ausgereift wie bei einem Erwachsenen. Die höhere Menge an Elektrolyten wie Natrium belastet die kindlichen Nieren und beansprucht sie stark. Auch der viel höhere Proteinanteil in der Kuhmilch, ebenso das bereits er-

wähnte ungünstige Verhältnis von Molke und Kasein, können beim Säugling intestinale Blutungen auslösen. Mit der Zeit ist es möglich, dass die Durchlässigkeit der Darmschleimhaut (Darmpermabilität) beeinträchtigt wird, was zum Leaky-Gut-Syndrom führen kann. Ebenso können Milchprodukte Hautprobleme hervorrufen.
Die Lebensmittelindustrie berücksichtigt die Beschränkung des Salz- und Proteingehalts bei der Herstellung von Babybreien. Da bei diesen Produkten der Protein- und Salzgehalt dennoch oft über dem der Muttermilch liegt, empfehlen wir die Herstellung von Drinks und Breien in der eigenen Küche. Getreide-Taus (Hafer, Buchweizen, Dinkel, Gerste), mit mehr oder weniger Wasser geköchelt, verwendet man als Kuhmilchersatz oder als Brei. Wenn das Kind etwas älter ist, kann auch Mandelmus mit Wasser aufgeschäumt werden. Das ergibt ein super feines, sämiges und schaumhaltiges Getränk. Wenn man den Kalziumgehalt etwas erhöhen will, kann Mandelmus mit Sesammus im Verhältnis von 1:1 oder 1:2 gemischt werden. Sesam ist ein Superfood bezüglich Kalzium und Eisen und somit hervorragend für Babys und Kleinkinder geeignet. Dem bitteren Geschmack kann man mit Beta-Karotin begegnen. Wir empfehlen Beta-Karotin in „Honig-Konsistenz", z.B. von der Firma Vogel (A. Vogel Bio-Carottin). Karottensaft ist einen Versuch wert, allerdings weniger süss als Beta-Karotin.

Generell bekommen unsere Kinder zu viel, wenn nicht sogar viel zu viel Zucker, was bereits aus westlich-medizinischen Gründen höchst problematisch ist. Und aus TCM-Sicht wirkt Zucker, wie übrigens auch Milch- und Weizenprodukte (weshalb wir grundsätzlich Weizen durch Dinkel ersetzen), verschleimend; außerdem schwächt Zucker in großen Mengen die Mitte des Kindes, also den Magen und den Verdauungstrakt – das Magen- und Milz-Qi. Bei Kindern ist die Mitte sowieso schwächer als bei Erwachsenen, weshalb sie sorgfältig aufgebaut werden muss und nicht noch mehr geschwächt werden darf (24).
Nach dem sechsten Monat beginnt das Milz-Qi, langsam an Kraft zu gewinnen. Wurde ein Kind ausschließlich mit Muttermilch ernährt, gewöhnt sich das Kind an verschiedene Geschmacksrichtungen – je nachdem, was die Mutter isst. Der Geschmack der Muttermilch bildet sich durch die unterschiedlichen Nahrungsmittel, die die Mutter zu sich nimmt. Somit ist die Diversität der Ernährung der Mutter von höchster Wichtigkeit. Das Milz-Qi ist zuständig für das Abspeichern der verschiedenen Geschmacksinformationen. Je mehr unterschiedliche Geschmacksinformationen ein Baby im Alter von 0 bis 6 Monaten mit der Muttermilch erhält, umso besser kann sich das Milz-Qi aufbauen. Dies

ist die beste Grundlage für den Übergang zur Beikost mit ihren unterschiedlichen Geschmacksrichtungen. Bei der Abgabe von Beikost ist zu beachten, dass man ein neues Nahrungsmittel jeweils während mehrerer Mahlzeiten hintereinander verabreicht, damit sich das Baby an den neuen Geschmack gewöhnen kann und sich die Darmflora entsprechend entwickelt und adaptiert. Das Milz-Qi kann somit diese Information entsprechend abspeichern. Die mit Säuglingsersatzmilch ernährten Babys sind während dieser wichtigen Phase von Milchnahrung mit viel weniger verschiedenen Geschmäckern in Kontakt gekommen, was ein schwächeres Milz-Qi hervorrufen kann. Demzufolge ist es für diese Kinder wesentlich schwieriger, sich an den Geschmack eines neuen Nahrungsmittels zu gewöhnen. Es braucht von den Müttern mehr Durchhaltevermögen, um das Kind mit den neuen Geschmäckern vertraut zu machen.
Als erste Nahrungsumstellung bei Säuglingen ab dem sechsten Monat eignen sich gedarrte und gemahlene Sprossen und Keimlinge in Form von „Getreide-Tau-Produkten" am besten, zum Beispiel als Getränk oder zu Brei verarbeitet.

## Selber machen: Drinks und Baby-Breie

Da Kuhmilch, vor allem in größeren Mengen getrunken, stark schleimproduzierend ist, führen wir untenstehend Alternativen auf. Diese Drinks können zweimal pro Tag verabreicht werden. Das Baby im Alter von 4 bis 12 Monaten benötigt pro Tag ca. 330 mg Kalzium. Um dieses Quantum zu erreichen, empfehlen wir pro Tag Folgendes: zweimal einen Drink und ein- bis zweimal einen Brei. Wenn ein Brei beispielsweise durch Kichererbsen oder Linsen ersetzt wird, ist der Kalziumtagesbedarf mehr als gedeckt. Liebe Mütter – also keine Angst vor dem Weglassen der Kuhmilch wegen Kalzium!
Dank der Hülsenfrüchte wird der Eiweißbedarf mit ca. 6 g pro 200 g Mahlzeit abgedeckt. Ein Baby zwischen 4 und 12 Monaten braucht ca. 9-11 g Eiweiß pro Tag. Mit einer Mahlzeit wird ca. zwei Drittel bis die Hälfte der Eiweiß-Tagesempfehlung abgedeckt.
Wir empfehlen die Zugabe von Beta-Carotin und bei den Breien auch die Zugabe von Omega-3-reichen Ölen (Leinöl, Walnussöl oder Algenöl). Dies aus zwei Gründen: Beta-Karotin stärkt das Immunsystem und gibt der Speise eine natürliche Süße und einen feinen Geschmack; die oben genannten Öle verlangsamen die Erhöhung des Blutzuckerspiegels und sind sowieso super, weil sie viel Omega-3 enthalten. Omega-3 wirkt antientzündlich.

## Mandel-Sesam-Drink

| Variationen | Wasser | Mandelmus | Sesammus | Vanille-pulver | Beta-carotin | Kalzium |
|---|---|---|---|---|---|---|
| 1. Mandelmus-Drink | 200 ml | 40 g = 2 EL | | 1 Messer-spitze | 1 TL = 5 g | 100 mg |
| 2. Mandel-Sesammus-Drink | | 20 g = 1 EL | 20 g = 1 EL | | | 200 mg |

*Rezept 1: Mandel und Mandel-Sesam-Drink.*

**Zubereitung**
2 EL Mandelmus oder 1 EL Mandelmus und 1 EL Sesammus in ein Gefäß geben und mit 200 ml warmem Wasser aufgießen, Vanillepulver und Beta-Carotin beimischen und mit dem Stabmixer schaumig mixen.

**Tau-Drink**

| Getreide | Gramm | Wasser | Mandelmus | Beta-carotin | Vanille-pulver | Kalzium |
|---|---|---|---|---|---|---|
| Hafertau | 10 g | 200 ml | 40 g = 2 EL | 1 TL=5 g | 1 Messer-spitze | 112 mg |
| Buchweizentau | 20 g | | | | | 105 mg |
| Gerstentau | 15 g | | | | | 109 mg |
| Dinkeltau | 15 g | | | | | 108 mg |

*Rezept 2: Tau-Drinks.*

Tau ist Getreide, das fein wie Mehl gemahlen wurde. Als Variante kann in diese Grundrezepte auch etwas Fruchtsaft dazu genommen werden, z.B. wenig bis 1 EL ungezuckerte Natursäfte. Früchte, z.B. Bananen oder Himbeeren eignen sich besser zum Trinken aus dem Becher, sie sind zu dick für den Schoppenfläschchen-Schnuller. Auch 1/4 TL zuckerfreies, reines und entöltes Kakaopulver gibt eine gute Geschmacksvariation.

**Zubereitung**
Gewünschte Menge Tau in eine kleine Pfanne geben, mit 200 ml Wasser aufgießen und kurz aufkochen. Die restlichen Zutaten beimengen und mit dem Stabmixer mischen. Falls der Drink zu dickflüssig ist, noch etwas Wasser beimengen.

## Gemüse-Tau-Brei

| Getreide | Gramm | Wasser | Gemüse* | Nuss-mus** | Kalzium | Ölmix | Betaca-rotin |
|---|---|---|---|---|---|---|---|
| Hafertau | 20 g | 100 ml | 100 g | 20 g = 1 EL | 75 mg | 20 g = ca. 1 EL | 1 TL = 5 g |
| Buchweizentau | 40 g | | | | 61 mg | | |
| Gerstentau | 30 g | | | | 67 mg | | |
| Dinkeltau | 30 g | | | | 65 mg | | |

*Rezept 3: Gemüse-Tau-Brei.*

*Gemüse: Fenchel, Kürbis, Kohlrabi, Pastinake, Zucchetti, Karotten, Süßkartoffel, Rote Beete (Randen)
** Musarten: Mandelmus, Cashewmus, Kürbiskernmus, Mohnmus

**Zubereitung**
Zuerst das Gemüse weichkochen, Tau und Wasser beifügen, mit dem Stabmixer pürieren und danach unter Rühren kurz aufkochen, vom Herd nehmen und Mandelmus, Öl-Mix und Beta-Carotin beimischen. Das Mandelmus wird cremiger, wenn es mit dem Stabmixer hineingemixt wird.
Gemüse-Getreide-Kombinationen, die besonders gut schmecken:

- Buchweizentau mit Pastinake
- Dinkeltau mit Pastinake
- Hafertau mit Fenchel
- Gerstentau mit Fenchel

## Gemüse-Fleisch/Fisch-Tau-Brei (ohne Nussmus)

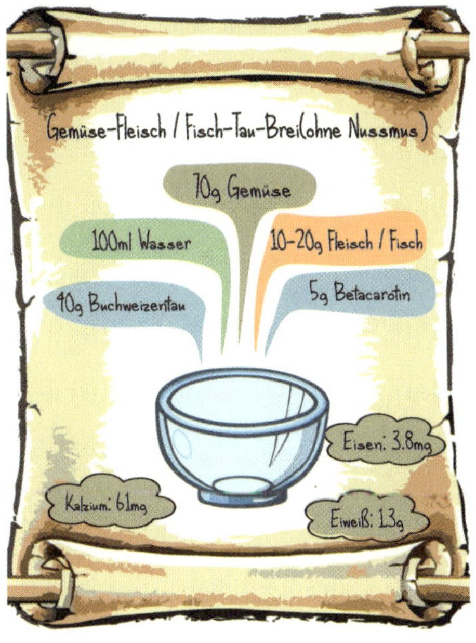


| Getreide | Gramm | Wasser | Fleisch/Fisch | Gemüse* | Betacarotin | Kalzium | Eisen | Eiweiß |
|---|---|---|---|---|---|---|---|---|
| Hafertau | 20 g | 100 ml | 10-20 g = 1-2 EL | 100 g | 1 TL = 5 g | 75 mg | 3,4 mg | 5,9 g |
| Buchweizentau | 40 g | | | | | 61 mg | 3,8 mg | 7,3 g |
| Gerstentau | 30 g | | | | | 67 mg | 2,6 mg | 8,9 g |
| Dinkeltau | 30 g | | | | | 65 mg | 2,8 mg | 8,6 g |

*Rezept 4: Gemüse-Fleisch-Tau-Breie.*

**Zubereitung**

Zuerst das Gemüse, Fleisch oder den Fisch kochen, Tau und Wasser beifügen, das alles mit dem Stabmixer pürieren und danach unter Rühren kurz aufkochen, vom Herd nehmen und Mandelmus, Öl-Mix und Beta-Carotin beimischen.

### Gemüse-Fleisch/Fisch-Nuss-Tau-Brei (mit Nussmus)

| Getreide | Gramm | Wasser | Fleisch/ Fisch | Gemüse* | Nuss-mus** | Beta-carotin | Kalzium | Eisen | Eiweiß |
|---|---|---|---|---|---|---|---|---|---|
| Hafertau | 20 g | 100 ml | 10-20 g = 1-2 EL | 10 g | 20 g = 1 EL | 1 TL = 5 g | 75 mg | 3,7 mg | 7,7 g |
| Buchweizentau | 40 g | | | | | | 61 mg | 4,0 mg | 10,7 g |
| Gerstentau | 30 g | | | | | | 67 mg | 2,8 mg | 9,1 g |
| Dinkeltau | 30 g | | | | | | 65 mg | 3,0 mg | 10,4 g |

*Rezept 5: Gemüse-Fleisch/Fisch-Nuss-Tau-Breie.*

**Zubereitung**

Zuerst das Gemüse, den Fisch oder das Fleisch kochen, Tau und Wasser beifügen, das alles mit dem Stabmixer pürieren und danach unter Rühren kurz aufkochen, vom Herd nehmen und Mandelmus, Ölmix und Beta-Carotin beimischen. Das Mandelmus wird cremiger, wenn es mit dem Stabmixer hineingemixt wird.

## Gemüse-Linsen-Nuss-Tau-Brei-Rezept

| Getreide | Gramm | Wasser | Fleisch/ Fisch | Gemüse* | Nuss-mus** | Beta-carotin | Kalzium | Eisen | Eiweiß |
|---|---|---|---|---|---|---|---|---|---|
| Hafertau | 20 g | 100 ml | 10-20 g = 1-2 EL | 10 g | 20 g = 1 EL | 1 TL = 5 g | 90 mg | 3,9 mg | 10,86 g |
| Buchweizentau | 40 g | | | | | | 77 mg | 5,61 mg | 13,8 g |
| Gerstentau | 30 g | | | | | | 84 mg | 4,4 mg | 12,22 g |
| Dinkeltau | 30 g | | | | | | 86 mg | 4,6 mg | 13,5 g |

*Rezept 6: Gemüse-Linsen-Nuss-Tau-Brei.*

**Zubereitung**

Zuerst das Gemüse und die Linsen weichkochen, Tau und Wasser beifügen, das alles mit dem Stabmixer pürieren und danach unter Rühren kurz aufkochen, vom Herd nehmen und Mandelmus, Ölmix und Beta-Carotin beimischen. Das Mandelmus wird cremiger, wenn es mit dem Stabmixer hineingemixt wird.

**Gemüse-Kichererbsen-Nuss-Tau-Brei-Rezept**

| Getreide | Gramm | Wasser | Fleisch/ Fisch | Gemüse* | Nuss-mus** | Beta-carotin | Kalzium | Eisen | Eiweiß |
|---|---|---|---|---|---|---|---|---|---|
| Hafertau | 20 g | 100 ml | 10-20 g = 1-2 EL | 10 g | 20 g = 1 EL | 1 TL = 5 g | 97 mg | 5,33 mg | 12,86 g |
| Buchweizentau | 40 g | | | | | | 84,44 mg | 5,65 mg | 15,82 g |
| Gerstentau | 30 g | | | | | | 90,67 mg | 4,48 mg | 14,22 g |
| Dinkeltau | 30 g | | | | | | 93 mg | 4,64 mg | 15,52 g |

*Rezept 7: Gemüse-Kichererbsen-Nuss-Tau-Brei.*

*Gemüse: Fenchel, Kürbis, Kohlrabi, Pastinake, Zucchetti, Karotten, Süßkartoffel, Rote Beete (Randen)
** Musarten: Mandelmus, Cashewmus, Kürbiskernmus, Mohnmus

**Zubereitung**
Tau, Wasser, rohes Fleisch/rohen Fisch oder gekochte Hülsenfrüchte und das gekochte Gemüse mit dem Stabmixer pürieren, anschließend unter Rühren aufkochen, vom Herd nehmen, Beta-Carotin und eventuell Mandelmus beimengen und mit dem Mixstab nochmals mixen.

## Früchte-Nuss-Tau-Brei-Rezept

| Getreide | Gramm | Wasser | Früchte* | Nussmus** | Ölmix | Vanillepulver | Betacarotin | Kalzium | Eisen | Eiweiß |
|---|---|---|---|---|---|---|---|---|---|---|
| Hafertau | 20 g | 100 ml | 100 g | 20 g = 1 EL | 20 g = 1 EL | 1 Messerspitze | 1 TL = 5 g | 75 mg | 3,9 mg | 8,8 g |
| Buchweizentau | 40 g | | | | | | | 62 mg | 4,2 mg | 12 g |
| Gerstentau | 30 g | | | | | | | 69 mg | 3 mg | 10,5 g |
| Dinkeltau | 30 g | | | | | | | 71 mg | 3,2 mg | 11,8 g |

*Rezept 8: Früchte-Tau-Brei.*

*Früchte: Erdbeeren, Himbeeren, Aprikosen, Pfirsiche, Birnen, Äpfel, Melonen, Babybananen, Heidelbeeren, Pflaumen. (Babybananen sind großen Bananen gegenüber zu bevorzugen, weil sie weniger Stärke enthalten und daher leichter verdaulich sind.)
** Musarten: Mandelmus, Cashewmus, Mohnmus, Haselnussmus

### Unser Favorit: Gerstentau mit Erdbeeren

**Zubereitung:** Tau, Wasser, Früchte, Nussmus, Beta-Carotin und Öl mit dem Stabmixer pürieren.

## Beifütterung – ausgewogen und gesund

Diese Übersicht gibt gute Tipps, welche Nahrungsmittel wann von vier Monaten an eingeführt werden könnten.

| Monate | 4-5 | 6 | 7 | 8 | 9 | 10 | 11-12 | 14 | 16-20 | 22-24 |
|---|---|---|---|---|---|---|---|---|---|---|
| Muttermilch | | | | | | | | | | |
| Anfangs-<br>milch | | | | | | | | | | |
| Getreide-<br>Tau-Drink | | | | | | | | | | |
| Mandel/Se-<br>sam-Drink | | | | | | | | | | |
| Getreide-<br>Tau-Brei | | | | | | | | | | |
| Nussmus<br>(Cashew,<br>Haselnuss) | | | | | | | | | | |
| Gemüse | | Fenchel<br>Karotten<br>Pastinaken | Kohlarten | | | | | | | |
| Getreide<br>gekocht | | Mais<br>Reis, Hirse<br>Quinoa<br>Amaranth<br>Hafer, Buch-<br>weizen | | | | Kamut<br>Urdinkel<br>Gerste | | | | |
| Hülsen-<br>früchte | | Kichererb-<br>sen, Linsen | | Boh-<br>nen | | | | | | |
| Früchte | | | | | | Birne<br>Apfel<br>Babybanane<br>Pfirsich<br>Nektarine<br>Aprikose<br>Clementine | | | | |
| Fleisch/Fisch | | Geflügel | Kalb<br>Kaninchen<br>Lamm | | | | | | | |

| Monate | 4-5 | 6 | 7 | 8 | 9 | 10 | 11-12 | 14 | 16-20 | 22-24 |
|---|---|---|---|---|---|---|---|---|---|---|
| Pilze | | | | | | | | | | |
| Algen | | Noriflocken | | | | | | Algen-salat | | |
| Ei | | | | | | | | | | |
| Öle Fette | | | | | | | | | | |
| Wenn Milch-produkte dann Ziegenmilch | | | | | | | | | | |

*Abbildung 15: Ernährungsplan von 4 bis 24 Monaten.*

## Ciao Brei – wann ist mein Kind bereit für Festnahrung?

In den ersten drei Monaten bildet sich die Mundmotorik und erreicht einen Entwicklungsstand, der von der Kraft der Verdauungsenergie, des Milz-Qi, abhängig ist. Das In-den-Mund-Stecken und Kauen an vielen Gegenständen, etwa Spielsachen, stärkt das Milz-Qi. Die Bildung von Amylase (ein Enzym zur Wandlung von Stärke in Zucker) im Speichel nimmt im Alter von zwei bis vier Monaten stark zu. Das zeigt, dass das Milz-Qi gestärkt ist und das Kind für die Aufnahme fester Nahrung bereit wird. Je nach Mundmotorik und Verdauung ist ein Kind zwischen dem vierten und siebten Monat bereit für Festnahrung und lernt Geschmack und Konsistenz kennen. Dies fördert die Entwicklung und Stärkung des Milz-Qi. Die Menge der Nahrungsaufnahme hängt sehr vom Kind ab und kann stark variieren. Ein starkes Milz-Qi trägt dazu bei, dass ein Kind ohne große Gewichtszunahme mehr essen kann. Ob die Nahrungsaufnahme dem Kind entspricht, kann am Gedeihen des Kindes beobachtet werden. Appetitmangel zeigt ein schwaches Milz-Qi, was zu einem größeren Verlangen nach Nahrungsmitteln mit süßem Geschmack führt, was wiederum das Milz-Qi zusätzlich schwächen kann.

Anhand des Stuhls können Verdauungsenergie und -kraft festgestellt werden. Ist der Stuhl gut geformt, ist die Verdauungsenergie stark. Blähungen und Koliken können auf ein schwächeres oder noch nicht reifes Milz-Qi deuten. Dann sollte die Festnahrung um ein bis vier Wochen später verabreicht werden.

## Der Stuhl zwischen 0 und 12 Monaten

| | |
|---|---|
| **Muttermilch-Stuhl** | Cottagecheeseartig mit gelblicher Farbe und etwas säuerlich riechend |
| **Flaschenmilch-Stuhl** | Breiiger mit bräunlicher Farbe und sehr intensivem Geruch |
| **Normaler Festnahrungs-Stuhl** | Fester, geformter Stuhl mit bräunlicher Färbung |
| **Milz-Qi-Mangel-Stuhl bei Festnahrung** | Bleistift-Stuhl, breiiger Stuhl |

*Tabelle 7: Stuhl von 0 bis 12 Monaten.*

## Geschmäcker und ihre Wirkung

| | Sauer | Bitter | Süß | Scharf | Salzig |
|---|---|---|---|---|---|
| **Wirk-richtung** | nach innen | nach unten | nach oben | nach außen | nach unten |
| **Wirkung** | Zusammen-ziehend, einschnürend bewahrend auflösend | abführend trocknend sanierend absenkend beruhigend entzündungs-hemmend | stärkend harmonisierend, entspannend befeuchtend verlangsamend | zerstreuend erwärmend bahn-brechend öffnend verteilend schweiß-treibend | aufweichend nährend abführend |

*Tabelle 8: Geschmäcker und ihre Wirkung.*

Da Babys im Vergleich zu Erwachsenen viel mehr Geschmackspapillen haben, werden die Geschmäcker süß, salzig, bitter, sauer und scharf wesentlich stärker empfunden.

Der **süße** Geschmack ist in den ersten drei Monaten der wichtigste. Danach fängt der Säugling an, sich nach anderen Geschmäckern zu orientieren, z. B. salzig. Ein Übermaß an süßem Geschmack schwächt das Milz-Qi oder die Verdauungsenergie. Der süße Geschmack sollte sich nach der Süße einer Karotte richten.

Der **salzige** Geschmack ist bei Kleinkindern ab ca. einem Jahr sehr beliebt. Trotzdem belasten zu stark gesalzene Nahrungsmittel die Nieren. Der Körper muss den größten Teil der Salze über die Niere wieder ausscheiden. Mit ca. vier Monaten ist die Niere dazu in der Lage. Das Pökelsalz (Natrium-Nitrit) ist für Kleinkinder in höchstem Maße schädlich. Darum sind Trockenfleisch, Mostbröckli, Speck, Würstchen, Lyoner zu meiden. (Siehe dazu Kapitel 9 Nitrit.)
Der **saure** Geschmack ist bei Kleinkindern unterschiedlich beliebt. Es bewahrt und hält die Säfte im Körper und wird meist von Kindern mit mehr Yang bevorzugt.
Der **bittere** Geschmack wird in den ersten tausend Tagen abgelehnt, da Babys das Bittere als wesentlich bitterer empfinden als Erwachsene, die bedeutend weniger und oft sogar abgestumpfte Geschmackspapillen besitzen.
Der **scharfe** Geschmack ist für Babys ungeeignet und reduziert die Anzahl der Geschmackspapillen.

**Welchen Geschmack die Babys von Anfang an mögen**

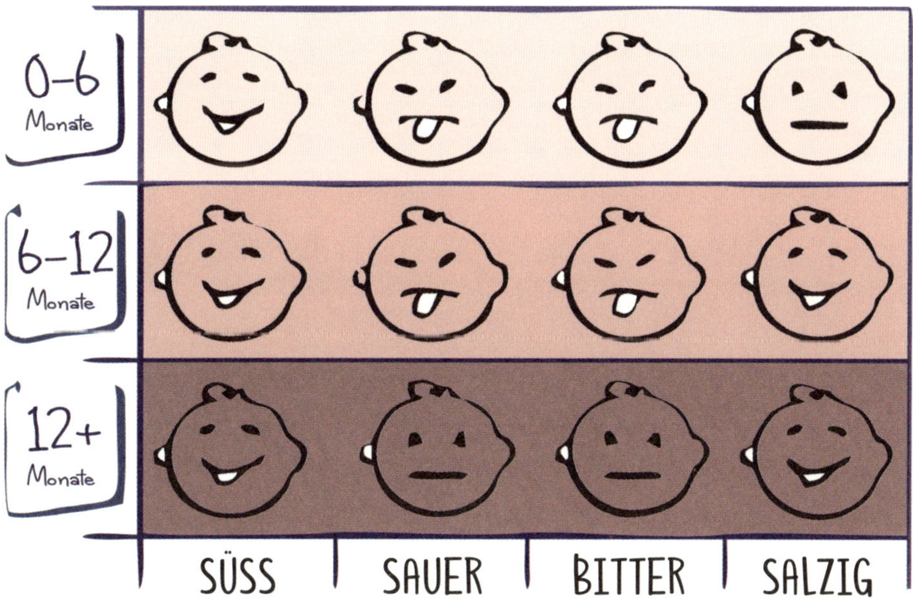


*Abbildung 16: Entwicklung der Geschmacksakzeptanz.*

# 6. Von zwölf bis 24 Monaten: fast schon groß

Etwa vom zwölften Monat an ist ein Kind bereit, Erwachsenennahrung zu essen. Diese muss aber noch klein geschnitten werden, da die zweiten Prämolaren, also die vorderen Backenzähne, erst zwischen dem 24. und 30. Monat durchbrechen. Aus arbeitstechnischen Gründen ist es empfehlenswert, dass am besten gleich alles für alle zubereitet wird: Zum Beispiel einen Linsenstock anstelle von ganzen Linsen, Selleriemus anstelle von Selleriesalat oder Buchweizen-Nockerln in Tomatensauce anstelle von Pizza. Hackfleisch geht gut in einer Mandelmussauce. Nach wie vor sind die Nieren des Kleinkindes zu berücksichtigen, die durch einen zu hohen Salzgehalt nicht überlastet werden dürfen.

**Wichtig bei Mahlzeiten:**

- **Regelmäßigkeit:** genug Abstand zwischen den Mahlzeiten – ca. einen Dreistundenrhythmus einhalten. Der Erwachsene hingegen schafft längere Pausen und sollte dazwischen nur trinken.
- **Abwechslung:** Wir müssen uns dessen bewusst sein, dass die verschiedenen neuen Nahrungsmittel und Geschmäcker vom Kind erst liebgewonnen werden müssen. Damit das geschieht, ist es nötig, dass der neue Nahrungsmittelgeschmack bis zu zehnmal mit unseren Geschmackspapillen in Kontakt kommen sollte.
- **Vorbildfunktion:** Wenn die Erwachsenen die Mahlzeiten wichtig nehmen, die Speisen mit Freude zubereiten, genussvoll essen, wird auch das Kind lernen, gesunde Nahrungsmittel zu mögen.
- **Wertschätzung:** Der Mahlzeit und dem Koch/der Köchin gegenüber sollte Wertschätzung gezeigt werden. Sei es der Vater oder die Mutter: Wer sich an den Esstisch setzt, darf und soll loben, was mit Stolz in Form eines speziellen und kreativen Gerichts zu Tisch gebracht wird. Denn damit das Kind neue Nahrungsmittel akzeptiert, ist der wertschätzende Rahmen des Mittags- oder Abendtischs von höchster Bedeutung.

Neue Nahrungsmittel kennenzulernen ist wichtig, denn die Nahrungsmittelindustrie reduziert unsere Geschmacksvielfalt auf wenige Geschmacksrichtungen, nämlich die gut verkäuflichen.
Dagegen schmeckt nicht jeder Apfel gleich. Daher gilt es der Normierung des Geschmacks entgegenzuwirken, indem viele Geschmacksvarianten aufgetischt werden. Die Kochenden müssen sich in Wiederholungen und auch in Kreativität und Freude am Kochen einüben, und die Essenden müssen sich in den Geschmack einüben. In der Wiederholung liegt die Kraft.

## Der Sieben-Tage-Ernährungsplan

Der folgende Sieben-Tage-Ernährungsplan ist ein Vorschlag. Wenn Sie ihm folgen, ernähren Sie Ihr Kind gesund und es lernt verschiedene Geschmäcker kennen.

| Sieben Tage Abwechslung | Kohlenhydrate | Eiweiß | Gemüse | Öle |
|---|---|---|---|---|
| 1 | Quinoa | Hülsenfrüchte (Linsen, Bohnen, Kichererbsen) | Karotten | Olivenöl<br>Kürbiskernöl<br>Hanföl<br>Walnussöl<br>Ölmix<br>Kokosöl (das einzige Öl auch für die heiße Küche, die anderen Öle eignen sich nicht zum Erhitzen) |
| 2 | Buchweizen | Tofu (Sojaprodukte) | Pastinake | |
| 3 | Hirse | Pilze / Algen | Knollensellerie | |
| 4 | Mais | Eier | Süßkartoffel | |
| 5 | Reis | Fleisch | Kohlrabi<br>Fenchel | |
| 6 | Dinkel | Fisch | Brokkoli<br>Blumenkohl | |
| 7 | Hafer | Samen / Nüsse (als Mus, Flocken gequetscht oder gemahlen) | Randen (gekocht) | |

*Tabelle 9: Sieben-Tage-Ernährungsempfehlung.*

Für Zwischenmahlzeiten oder für Frühstücksbrei sollen natürlich saisonale und wenn möglich einheimische Früchte genommen werden. Außerhalb der Früchtesaison empfehlen wir gefrorene oder gedörrte Früchte, vor allem Beeren: Goji-Beeren, Maulbeere, Inkabeeren, Erdbeeren, Sauerkirschen. Zwetschgen, Äpfel, Birnen, Feigen, Datteln werden idealerweise über Nacht eingeweicht. Das Fruchtwasser kann zum Kochen mitgenutzt werden. Gründsätzlich empfehlen wir Früchte in Maßen, da sie einen sehr hohen Süßegehalt aufweisen und wir wollen die Kinder nicht zu sehr auf „krass süß" polen. Industrienahrung bitte ganz weglassen. Es gibt kein Produkt, wo nicht Industriezucker zugesetzt wurde.
Im Rezeptteil haben wir entsprechende Rezepte zusammengestellt, basierend auf der Sieben-Tage-Ernährungsempfehlung.

## So? Oder doch lieber so?

Die unten gezeigte Gegenüberstellung von Vollwerternährung (wie von uns empfohlen) und üblicher denaturierter (industrialisierter) Ernährung soll Müttern, Vätern und Ernährern, ja uns allen die Augen öffnen.

### Vollwerttagesplan

| Frühstück | Znüni Zwischen-mahlzeit | Mittagessen | Zvieri Zwischen-mahlzeit | Abend-essen |
|---|---|---|---|---|
| Gekochte Hirse mit Betacarotin und Nussmus (aus Mandeln, Cashewkernen, Haselnuss usw.) | Frucht Sesamkräckers | Linsen mit Tofu und Blumen-kohl | Chiapudding mit Beeren oder Kakao und Nüssen | Zucchetti-Mandelcreme-Suppe Kichererbsen mit Tomaten-sauce |
| Hafer-flocken mit Betacarotin und Nussmus (aus Mandeln, Cashewkernen, Haselnuss usw.) | Frucht | Fisch Hühnerfleisch mit Gomasio und Karotten | Mandelmus-Bananen-Shake | Brokkolisuppe mit Sesammus Linsen und Artischocken-herzen |

*Tabelle 10: Vollwerttagesplan.*

## Denaturierter Tagesplan

| Frühstück | Znüni Zwischenmahlzeit | Mittag-essen | Zvieri Zwischenmahlzeit | Abend-essen |
|---|---|---|---|---|
| 1 Scheibe Weißbrot oder Halbweißbrot mit Butter und Marmelade oder Honig | 1 Stück Brot oder 1 Gipfeli | Pasta mit Tomatensauce und Käse | Fruchtdrink Obstsaft aus der Flasche | Café complet (Brot, Aufstrich, Wurst, Käse, Butter) |
| Cornflakes / Snacks mit Milch und Kakao | Schoggistängeli | Pizza, Fischstäbchen mit Mayo oder Chickennuggets | Kräckers oder Brot mit Marmelade | Tiefgefrorene Plätzli / Pizza oder Spaghetti mit Tomatensauce |
| Nichts | Käse- oder Fleischsandwich | Hörnliauflauf Nudelgericht mit Hackfleisch und Käse | Nutellabrot (Nussnougatcrème) | Poulet / Hühnchen mit Reis |
| Brot, Butter, Honig | Gipfeli / Hörnchen | Pommes mit Ketchup | Frosties mit Milch | Fertigstocki Kartoffelbrei mit Bratensauce |
| Nichts | Popkorn oder Darvida Weizen Kräcker (Gebäck) | | Comella / Schokodrink oder andere Tetrapackdrinks | Denaturierter Reis / geschälter Parboiled Reis mit Schweinefleisch |

*Tabelle 11: Tagesplanung (denaturiert).*

# 7. Die Bestandteile der Nahrungsmittel

Das Baby im Bauch isst, was die Mutter isst. Eine gesunde, ausgewogene Ernährung ist neben einer möglichst stabilen und ausgeglichenen Psyche die Basis für die Gesundheit des Kindes und der werdenden Mutter. Was soll man nun essen?
Gesund ernähren können sich alle Menschen, ob sie nun „Mischköstler“, Vegetarier oder Veganer sind. Eine Ernährungsweise ist nicht automatisch ausgewogener als die andere. Ein Veganer kann sich genauso unausgewogen ernähren wie ein Mischköstler. Von allem zu essen ist aber auch keine Garantie für Ausgewogenheit.
Wir erklären die Bestandteile der Nahrungsmittel und die allerwichtigsten Nahrungsmittel eingehend. Bei weiteren Nahrungsmitteln gehen wir auf das Wesentliche ein. Ein Teil der folgenden Inhalte ist aus dem «Praxisbuch Nahrungsmittel und Chinesische Medizin» (25).

## Eiweiß – tierisch oder pflanzlich

### Steckbrief

Eiweiß, auch Protein genannt, setzt sich aus verschiedenen Aminosäuren zusammen. Essentielle Aminosäuren müssen dem Körper zugeführt werden. Nicht-essentielle Aminosäuren kann der Körper selber herstellen. Von den zwanzig verschiedenen Aminosäuren sind acht essentiell, zwei semi-essentiell und zehn nicht-essentiell.

| Essentielle Aminosäuren | Nicht essentielle Aminosäuren |
|---|---|
| Isoleucin | Alanin |
| Leucin | Arginin* |
| Lysin | Asparagin |
| Methionin | Aspariginsäure |
| Phenylalanin | Cystein* |
| Theonin | Glutaminsäure |

| Essentielle Aminosäuren | Nicht essentielle Aminosäuren |
|---|---|
| Tryptophan | Glycin |
| Valin | Histidin* |
| | Prolin |
| | Serin |
| | Tyrosin* |

*Tabelle 12: Essentielle und nicht-essentielle Aminosäuren.*

* Für Säuglinge sind Arginin und Histidin zusätzlich essentiell. Für Kinder und Schwangere auch Cystein und Tyrosin.

Eiweiß ist der Grundbaustein für Muskelgewebe, Hormone, Enzyme, Antikörper und Hämoglobin. Ohne Eiweiß gibt es keine Blutgerinnung.
Tierisches Eiweiß hat in der Regel eine höhere biologische Wertigkeit als pflanzliches. Das heißt, dass pro Einheit eingenommenen Proteins mehr Nahrungsprotein in körpereigenes Protein umgewandelt wird.
Tierisches Eiweiß wird schneller verwertet als pflanzliches. Pflanzliches Eiweiß wird über einen längeren Zeitraum abgebaut. Da pflanzliches Eiweiß eine kleinere biologische Wertigkeit hat, werden die Aminobausteine im Zellgewebe gespeichert, bis sie im Körper für den Stoffwechsel gebraucht werden.
Tierisches Eiweiß ist insofern „hochwertig", als ein hoher Anteil der enthaltenen Aminosäuren für körpereigene Proteine verwendet werden kann. Leider gilt das aber auch für Tumore. Tierisches Eiweiß ist nämlich geradezu „ideales Baumaterial" für überschießendes Zellwachstum.
Die Statistik zeigt, dass Länder mit hohem Fleischkonsum höhere Krebsraten aufweisen als solche mit weniger Fleischkonsum (26).

### Naturwissenschaft

Die einzelnen Aminosäuren-Bausteine haben verschiedene Funktionen im Enzym-Metabolismus des Körpers. Als Beispiel möchten wir Glutaminsäure und Methionin nehmen.

#### Methionin – Reduzieren lohnt sich

In der Pflanze ist das Verhältnis 1:1 und im tierischen Eiweiß 1:3. Methionin ist im tierischen Eiweiß rund dreimal mehr enthalten als im pflanzlichen Eiweiß.
Methionin wird zur toxischen Säure Homocystein abgebaut und braucht für die Verstoffwechselung Vitamin $B_{12}$, $B_6$ und Folsäure (27). Ein Fleischesser braucht für diese Verwertung dreimal mehr Vitamin $B_{12}$ als ein Pflanzenesser. Zusätzlich unterstützt die große Menge an Methionin den enzymatischen Metabolismus, der das Krebswachstum fördert (28) (29).
Kuhmilch hat ein Methionin-Cystein-Verhältnis von 3:1, Humanmilch von 1:1. Kuhmilch bedeutet für Neugeborene oxidativen Stress, da der Körper gefordert ist, das Methionin abzubauen. Kälber hingegen brauchen so viel Methionin für ihr schnelles Wachstum. Ein Kalb mit einem Geburtsgewicht von ca. 40 kg kann nach einem Jahr 300 kg, nach zwei Jahren 600 kg auf die Waage bringen (30). Bei einem Baby würden das bei einem Geburtsgewicht von 3.5 kg nach einem Jahr 26 kg (normal: 8-9 kg) und nach zwei Jahren 52 kg (normal: 11-12 kg) bedeuten.
Bei Tierversuchen führt eine Methionin-Restriktion zu einer Lebensverlängerung. Außerdem leben Krebszellen und Tumore von Methionin als

essentieller Aminosäure. Normale Zellen hingegen sind gegenüber Methionin-Mangel eher resistent.
Tierische Eiweiße tragen auch mehr zu einer Übersäuerung des Körpers bei als pflanzenbasierte Nahrungsmittel (31).
**Aus diesen Gründen ist das pflanzliche Eiweiß dem tierischen Eiweiß vorzuziehen.**

**Glutaminsäure**
Glutaminsäure wird zu Cystein und dieses zu Glutathion verstoffwechselt, das als Radikalenfänger (Antioxidant) agiert. Bei rein pflanzlicher Protein-Ernährung ist es wichtig, Nahrungskombinationen von Getreide, Hülsenfrüchten, Pilzen, Nüssen, Samen und Algen zu konsumieren, damit alle essentiellen Aminosäuren in einem ausgewogenen Verhältnis vertreten sind (32).

**Empfehlung: Kombination verschiedener Eiweiß-Träger.**
1. Getreide, Reis und Pseudogetreide (z.B. Buchweizen, Quinoa, Amaranth)
2. Hülsenfrüchte und Sojaerzeugnisse (Tofu, Tempeh, etc.)
3. Samen und Nüsse

Vergleich von Methionin- und Cysteingehalt in tierischen und pflanzlichen Eiweißen

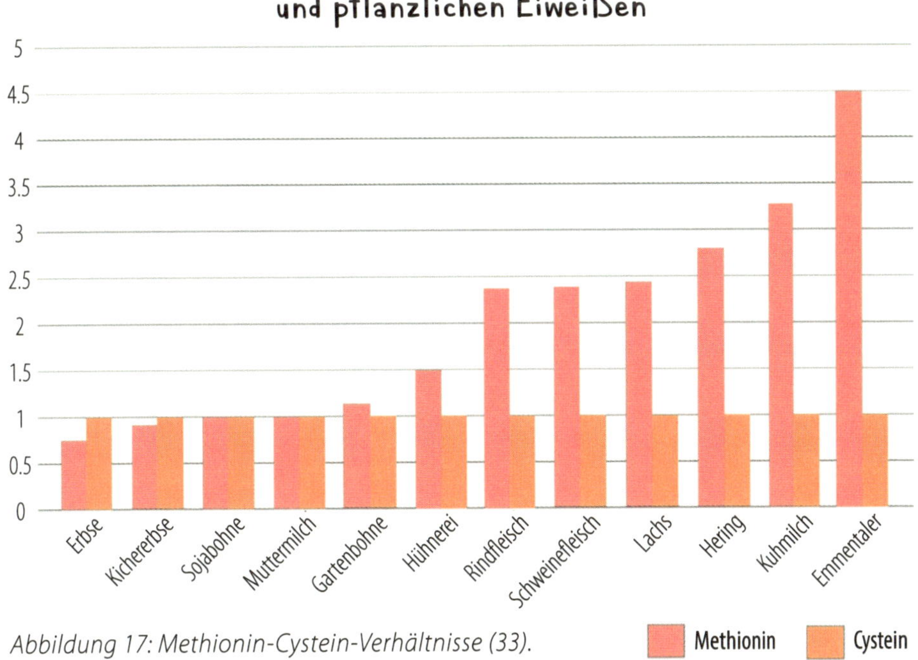


*Abbildung 17: Methionin-Cystein-Verhältnisse (33).*

**Proteingehalt in 100 g Nahrungsmittel**

| 100 g Nahrungsmittel | Eiweiß g |
|---|---|
| Bündnerfleisch | 39,0 |
| Lupinen | 39,0 |
| Parmesan | 35,6 |
| Nori Algen | 35,0 |
| Sojabohnen | 33,7 |
| Shiitake getrocknet | 33,0 |
| Kürbiskerne | 32,0 |
| Bergkäse | 29,0 |
| Weizenkeime | 26,6 |
| Lupinenschnitzel | 25,4 |
| Dulse Algen | 25,0 |
| Leinsamen | 24,4 |
| Mungbohnen | 24,0 |
| Linsen rot | 23,5 |
| Hühnerbrust | 22,8 |
| Sonnenblumenkerne | 22,5 |
| Weiße Bohnen | 21,3 |
| Mohn | 20,0 |
| Tempeh | 20,0 |
| Lachsfilet | 20,0 |
| Kichererbsen | 19,8 |
| Forellenfilet | 19,5 |
| Mandeln | 18,7 |
| Sesam | 17,7 |

| 100 g Nahrungsmittel | Eiweiß g |
|---|---|
| Cashewnuss | 17,5 |
| Amaranth | 14,6 |
| Walnuss | 14,4 |
| Quinoa | 14,0 |
| Ei | 12,9 |
| Wakame Algen | 12,7 |
| Haferflocken | 12,5 |
| Arame Algen | 12,1 |
| Haselnuss | 12,0 |
| Weizenkorn | 11,7 |
| Grünkern gekocht | 10,8 |
| Dinkelkorn | 10,8 |
| Hirse | 9,8 |
| Buchweizen | 9,1 |
| Roggenkorn | 8,8 |
| Mais | 8,5 |
| Vollkornreis | 7,2 |
| Weizenvollkornbrot | 7,0 |
| Roggenvollkorn | 6,8 |
| Hiziki Algen | 5,6 |
| Joghurt | 3,9 |
| Vollmilch | 3,3 |
| Champignons | 2,7 |

*Tabelle 13: Proteingehalt in 100 g Nahrungsmittel (2).*

Eine 70 kg schwere Person sollte täglich etwa 56 g Protein zu sich nehmen. Das entspricht jeweils ungefähr:

- 550 g Hirse
- 225 g Mungbohnen
- 270 g Mandeln
- 150 g Lupinen (Fleischersatz)
- 285 g Samen (Sesam, Leinsamen, Sonnenblumenkerne)
- 300 g Forellenfilet

### TCM
Eiweiß generell wirkt tonisierend auf Qi, Yin und Blut.

### Wichtig für die ersten tausend Tage
Wir empfehlen Mutter und Kind eine Methionin-arme Ernährung – also einen zurückhaltenden Konsum von tierischen Eiweißen. Geeignet ist eine Kombination verschiedener pflanzlicher Eiweiße wie oben angegeben.

**Empfohlene Verzehrmenge von Eiweiß pro Tag**

| | | 0-4 Monate | 4-12 Monate | 1-4 Jahre | Schwangere | Stillende |
|---|---|---|---|---|---|---|
| Eiweiß | g/kg | 2,5\|1,8\|1,4\|1,3 | 1,3 | 1,0 | 0,9 | 1,2 |

*Tabelle 14: Empfohlene Verzehrmenge von Eiweiß.*

Wie Sie auf die empfohlenen Protein-Mengen kommen, sehen Sie in den Rezepten im Anhang.

## Getreide – es gibt einiges mehr als Weizen

### Steckbrief
Getreide gehört bereits seit den frühen Ackerbaugesellschaften zu den kultivierten Nahrungspflanzen der Menschen. Bevor der weltweite Handel über die Kontinente hinweg begann, wurden einzelne Getreidearten in bestimmten Regionen bevorzugt angebaut. So kultivierte man Hafer vor allem in Mittel- und Nordeuropa, Dinkel in der Region des heutigen Süddeutschlands und der Schweiz, Weizen in den Gebieten rund um das Mittelmeer, Gerste im Vorderen Orient und im Himalaja, Reis in Asien, Hirse im südlichen Afrika und in Lateinamerika.
Die Proteinzusammensetzung ist bei jeder Getreideart verschieden. Diese ist im Zusammenhang mit Zöliakie und bestimmten Nahrungsmittelallergien zu beachten.

Es sollten möglichst verschiedene Getreidearten, bevorzugt solche ohne Gluten, verwendet werden. Während der verschiedenen Phasen der Schwangerschaft empfehlen wir jeweils bestimmte Getreide, welche das Qi in der jeweiligen Phase besonders gut unterstützen. Zur Abwechslung können auch andere Vollkorngetreide wie Hirse, Quinoa, Amaranth, Gerste, Mais, Buchweizen sowie Reis miteinbezogen werden. Vollkorngetreide enthalten viele Ballaststoffe und Kohlenhydrate, aber auch Eiweiße und essentielle Fettsäuren sowie viele Mineralien und Spurenelemente, vor allem in gekeimten Nahrungsmitteln. Je nach Getreide können die Verhältnisse der verschiedenen Inhaltsstoffe variieren. Amaranth ist eines der wertvollsten Getreide, da es am meisten Eiweiße, insbesondere das wertvolle Lysin, enthält. Lysin z. B. ist ganz wichtig bei der Heilung und Prävention von Fieberbläschen.
Glutenfreie Getreide: Quinoa, Amaranth, Buchweizen, glutenfreier Hafer, Reis, Mais, Hirse
Glutenhaltige Getreide: Gerste, Einkorn, Kamut, Emmer, Ur-Dinkel, Roggen, Weizen, Hafer

### Naturwissenschaft

Aus naturwissenschaftlicher Sicht setzen sich Getreide wie folgt zusammen.

**Das steckt in Quinoa und Co. im Vergleich zu Weizen**

| Je 100 g verzehrbarer Anteil | Quinoa | Amaranth | Buchweizen | Hirse | Hafer | Weizen |
|---|---|---|---|---|---|---|
| Energie | 334 kcal | 365 kcal | 336 kcal | 350 kcal | 326 kcal | 298 kcal |
| Kohlenhydrate | 58,5 g | 56,8 g | 71,0 g | 68,8 g | 55,7 g | 59,5 g |
| Fett | 5,0 g | 8,8 g | 1,7 g | 3,9 mg | 7,1 g | 1,8 g |
| Eiweiß | 13,8 g | 14,6 g | 9,1 g | 9,8 mg | 9,9 g | 10,9 g |
| Magnesium | 275 mg | 310 mg | 140 mg | 123 mg | 129 mg | 95 mg |
| Kalzium | 80 mg | 215 mg | 20 mg | 9,5 mg | 80 mg | 35 mg |
| Eisen | 8,0 mg | 9,0 mg | 3,5 mg | 6,9 mg | 5,8 | 3,2 mg |
| Zink | 2,5 mg | 4,0 mg | 2,7 mg | 2,9 mg | 3,2 | 2,6 mg |
| Vitamin B1 | 0,17 mg | 0,8 mg | 0,24 mg | 0,43 mg | 0,67 mg | 0,46 mg |
| Vitamin B2 | - | 0,19 mg | 0,15 mg | 0,11 mg | 0,17 mg | 0,095 mg |

*Tabelle 15: Quinoa, Amaranth, Buchweizen, Hirse und Hafer im Vergleich zu Weizen (2).*

In Nahrungsmitteln wie Getreide, Hülsenfrüchten und Nüssen ist Phytinsäure enthalten. Sie hemmt im Verdauungstrakt die Aufnahme einiger Mineralstoffe wie zum Beispiel Eisen, Kalzium, Magnesium und Zink. Phytinsäure kann mit dem richtigen Zubereitungsprozess durch das Enzym Phytase abgebaut bzw. inaktiviert werden, damit die wertvollen Mineralstoffe im Darm resorbiert werden können. Phytinsäure hat auch einen positiven Nutzen für den Körper. Erstens kann sie das Wachstum von Krebszellen hemmen durch die Bindung mit Eisen im Magen-Darm-Trakt. Dank dieser Bindung kann das Eisen an der Darmwand nicht oxidieren, was vor Darmkrebs schützen kann. Zweitens reguliert sie den Blutzuckerspiegel, da sie Amylase, ein Kohlenhydrat spaltendes Enzym, vorübergehend hemmen kann und somit der Blutzuckeranstieg reguliert wird (34).
Trotzdem: Wir wollen die Mineralstoffe ja aufnehmen. Wie also kann die in den Nahrungsmitteln enthaltene Phytinsäure abgebaut werden, zumindest zu einem großen Teil?
Am besten weicht man Getreide und Hülsenfrüchte vor dem Kochen über Nacht ein. Das Einweichen während zwölf Stunden aktiviert die Enzymgruppe Phytase, und diese Phytase baut die Phytinsäure um 25 % ab (35). Lässt man Nahrungsmittel wie Getreide und Nüsse während 48 Stunden keimen, baut sich die Phytinsäure bis zu 80 % ab (35). Demzufolge empfehlen wir für die Babybreie bereits gekeimte Mehle wie Hafer-, Buchweizen-, Gersten- und Dinkeltau, bei welchen die Phytinsäure bereits abgebaut ist und sich durch den Keimungsprozess die Nährstoffe vervielfacht haben. Diese Tauprodukte gibt es in vier Sorten: Hafer-, Gerste-, Dinkel- und Buchweizentau. Sie sind in Reformhäusern erhältlich. Man kann natürlich auch Getreide selber keimen, wenn man mag.
Durch Erhitzen und Kochen wird die Phytinsäure weiter abgebaut; z.B. durch Kochen mit Dampfdruck nochmals um etwa 25 % (34).
Gutes Kauen und Einspeicheln der Nahrung ist wichtig, es reduziert die Phytinsäure ebenfalls.

## TCM

Der Geschmack aller Getreide ist aus TCM-Sicht süß, oft in Kombination mit einem weiteren Geschmack. Ihr Temperaturverhalten reicht von kühl bis warm. Energetisch warme Nahrungsmittel nähren das Qi, neutrale Nahrung wirkt ausgleichend und kühle Nahrung vertreibt Hitze aus dem Körper und baut Körpersäfte auf.
Alle Getreide tonisieren hauptsächlich Qi. Viele setzen wir bei pathogener Feuchtigkeit und Nässe ein sowie zum Ausleiten von Toxinen aus dem

Darm. Daneben zeigen sich jedoch weitere sehr unterschiedliche Wirkungen, wodurch sie eine hohe Bedeutung in der Diätetik einnehmen. Die Unterstützung der Mitte, also des Magens und des Verdauungstrakts, mithilfe geeigneter Kräuter und Gewürze sowie der richtigen Zubereitung sind entscheidend. Das im Getreide enthalte Phytin kann bei ungenügend gegartem oder ungenügend gequollenem Getreide (z. B. bei Frischkornbrei) die Aufnahme von wertvollen Mineralien und Spurenelementen im Darm verhindern.

## Getreide zubereiten

Die untenstehende Tabelle zeigt geeignete Zubereitungsformen und Zubereitungszeiten.

**Wie koche ich Vollwert-Getreide – Getreidekochtabelle ganzes Korn**

| Getreideart | Waschen | Einweichen | Darren (bei 10°C) | Kochen | Quellen | Verhältnis Getreide zu Wasser |
|---|---|---|---|---|---|---|
| Buchweizen Quinoa | heiss überbrühen | | evtl. 10 Min. | kurz aufkochen | 30 Min. | 1 zu 2 |
| Hirse | | | | | 30 Min. | |
| Hafer | | | | | 30 Min. | |
| Reis | | | | | 45 Min. | |
| Grünkern | | | | | 60 Min. | |
| Dinkel | evtl. abspülen | 8 Std. | 10 Min. | 30 Min. | 60 Min. | 1 zu 1,5 |
| Gerste | | | 10 Min. | | | |
| Roggen | | | 20 Min. | | | |
| Weizen | | | 10 Min. | | | |

*Tabelle 16: Getreidekochtabelle ganzes Korn.*

**Getreidekochtabelle Schrot/Brei**

| Getreideart | Verarbei-tungs-prozess | Andünsten in der Pfanne | Kochen | Quellen | Verhältnis Getreide zu Wasser |
|---|---|---|---|---|---|
| **Hirsebrei ganzes Korn** | heiß überbrühen | | 45 Min. unter Rühren | | 1 zu 2-3 |
| **Grünkern Dinkel Hafer Gerste Roggen Weizen Reis** | schroten, in der heißen Pfanne rösten, bis es gut riecht | | kurz aufkochen | 30 Min. | 1 / 2 |
| **Feiner Grieß aus Weizen Dinkel Mais** | | evtl. | kurz aufkochen | 45 Min. | 1 / 3 |
| **Grober Grieß aus Mais** | | evtl. | kurz aufkochen | 60 Min. | 1 / 4 |
| **Couscous Bulgur Pil-Pila** | in kochendes Wasser einrühren | | kurz aufkochen | 15 Min. | 150 g / 1 dl |
| **Reis** | heiß überbrühen | evtl. | 60 Min. unter Rühren | | 1 / 4-5 |

*Tabelle 17: Getreidekochtabelle Schrot/Brei.*

## Wichtig für die ersten tausend Tage

Wir empfehlen möglichst weizenfreie Nahrungsmittel, mit hauptsächlich glutenfreien Getreidearten, Hülsenfrüchten und verschiedenen Bohnen. Durch die Keimung und den Kochprozess wird das Getreide leicht verdaulich und unterstützt den kindlichen Magen – und das Milz-Qi.

Weizen ist überzüchtet und degeneriert. Er wurde auf Ernteertrag optimiert und nicht auf unseren Körper und hat mit dem ursprünglichen Weizen nicht mehr viel gemein.

## Fette und Öle – aus Oliven, Leinsamen, Hanf

### Steckbrief

Die richtigen Öle und Fette sind essentiell. Es gibt viele verschiedene Trends und Richtlinien. Wir empfehlen grundsätzlich folgende Öle für die kalte Küche: kaltgepresstes natives Olivenöl, Baumnussöl**, Kürbiskernöl und Leinöl; zum Kochen oder Braten raten wir, ausschließlich Kokosöl zu verwenden; für leichtes Andünsten kann auch Olivenöl genommen werden.

Die anderen Öle, vor allem Sonnenblumenöl, können wir nicht empfehlen, da sie im Verhältnis zu viele Omega-6-Fette enthalten und Rapsöl sehr stark gezüchtet ist, um den ursprünglichen bitteren Geschmack wegzubringen, aber wiederum, analog zum Weizen, nicht für unsere Gesundheit optimiert.

Folgende Öle sind gesund und sollten abwechslungsreich in die Ernährung integriert werden:

- **Olivenöl:** nativ, kaltgepresst in Bioqualität (Erstpressung), kann zum Andünsten leicht erhitzt werden, aber nicht höher als bis zum Rauchpunkt (ca. 180 Grad)
- **Leinöl:** frisch gepresst, kleine (100ml), dunkle Flasche. Leinöl hat einen hohen Gehalt an Omega-3-Fettsäuren, welche bei Luft und Licht rasch oxidieren. Deshalb am besten im Kühlschrank und nicht zu lange aufbewahren.
- **Algenöl:** Im Algenöl sind neben Alpha-Linolensäure (ALA) auch die für den Körper wichtigen Fettsäuren DHA und EPA enthalten. Die Zusammensetzung ist daher dem Fischöl gleichwertig.
- **Hanföl:** sehr gutes Verhältnis von Omega-3- zu Omega-6-Fettsäuren (1:3); enthält zusätzlich die wertvolle Omega 6-Gamma-Linolsäure, welche sonst nur in Borretschöl oder Nachtkerzenöl enthalten ist. Es kann leicht in den Alltag eingebaut werden. Die Gamma-Linolensäure (Gamma-LA) ist stark entzündungshemmend, vor allem bei Juckreiz und Neurodermitis hat es eine positive Wirkung.
- **Kokosöl:** Das einzige Fett, das für die heiße Küche verwendet werden sollte. Kokosöl enthält einen sehr hohen Anteil an mittelkettigen Fettsäuren, welche nicht wie die anderen Fettsäuren im Magen-Darm-Trakt und den Micellenzellen verdaut werden, sondern es wird in der Leber verästelt; außerdem werden Ketone gebildet, was für das Gehirn von großem Nutzen ist.

** Baumnuss = Walnuss

- **Baumnussöl:** Aus der Baumnuss wird ein wertvolles Öl gepresst, das reich an Omega-3-Fettsäuren ist. Sie ist wie die Haselnuss einheimisch. Baumnussöl liefert nebst dem Leinöl, welches ebenfalls viel Omega-3-Fettsäuren enthält, eine gute und feine Alternative für die kalte Küche und zur Verfeinerung von Gemüse-Tau-Breien.
- **Kürbiskernöl:** Kürbiskernöl wird aus gerösteten Kürbiskernen gepresst. Die Kürbiskerne sind reich an Selen und Vitamin E, ebenso das Öl. Neben einem feinen Geschmack hat es eine antioxidative Eigenschaft.

**Naturwissenschaft**

Das Verhältnis von Omega-3- zu Omega-6-Fettsäuren sollte ca. 1:2 sein. Die heutige durchschnittliche Ernährung beim Erwachsenen liefert ein Verhältnis von ca. 1:25 oder mehr. Besonders Fertigprodukte schneiden schlecht ab, inkl. solcher für Kinder wie Kekse und Müsliriegel. Das darin verwendete Öl ist meist Sonnenblumenöl, welches ein für uns ungünstiges Verhältnis von Omega-3- zu Omega-6-Fettsäuren hat, nämlich von 1:110; eine Ausnahme gibt es, nämlich Sonnenblumenöl High Oleic mit einem Verhältnis von ca. 1:10. Sonnenblumenöl wird gerne bei der industriellen Herstellung von Nahrungsmitteln verwendet, weil es kostengünstig und geschmacksneutral ist. Das High-Oleic-Sonnenblumenöl ist eine hochgezüchtete Form, um das schlechte Verhältnis zu verbessern (auch in Bio-Qualität), und deshalb nicht empfehlenswert. Es ist wichtig, auf die Fettsäurezusammensetzung der verschiedenen Öle zu achten. Omega-3-Fettsäuren wirken im Stoffwechsel entzündungshemmend und Omega-6-Fettsäuren entzündungsfördernd; ausgenommen ist die Gamma-Linolsäure, die zur Familie der Omega-6-Fettsäuren gehört und im Körper ebenfalls entzündungshemmend wirkt, vor allem bei Hautkrankheiten. Hanföl, Borretschöl und Nachtkerzenöl enthalten besonders viel Gamma-Linolsäure.

Algenöl weist ein ideales Verhältnis von Omega-3- zu Omega-6-Fettsäuren auf, geschmacklich ist es aber nicht jedermanns Sache. Alternativ empfehlen wir folgenden Ölmix, der unseres Erachtens das Optimum darstellt.

**Öl-Mix mit idealem Verhältnis von Omega-3- zu Omega-6-Fettsäuren (Angaben pro 100ml)**

| | Vitamin E | Omega 3 | Omega 6 | Gamma - LA |
|---|---|---|---|---|
| Olivenöl | 13,2 mg | 0,9 g | 8,3 g | |
| Leinöl | 5,2 mg | 52,8 g | 14,3 g | |
| Hanföl | 3,8 mg | 20 g | 60 g | 3 g |
| Total Mix Verhältnis | 22,2 mg | 1 | 2,4 | |

*Tabelle 18: Öl-Mix mit idealem Verhältnis von Omega-3- zu Omega-6-Fettsäuren.*

## TCM

Bei einer Schwäche der Mitte, bei Hitze-Feuchtigkeits-Befunden und bei Schleim sollten erhitzte Öle und Fette gemieden werden, ebenso frittierte Speisen. Öle und Fette sind allgemein Yin tonisierend, Trockenheit befeuchtend und den Darm befeuchtend. Öle und Fette mit einem hohen Anteil an ungesättigten Fettsäuren können Feuchtigkeit transformieren, einige dazu auch Hitze eliminieren.

Öle und Fette haben im nicht erhitzten Zustand meistens ein neutrales Temperaturverhalten und einen süßen Geschmack. Durch Erhitzen verändert sich das Temperaturverhalten. Beim Frittieren und scharfen Anbraten nehmen Öle und Fette eine heiße thermische Wirkung an.

## Wichtig für die ersten tausend Tage

Wir empfehlen den täglichen Genuss von kaltgepressten Ölen wie Kürbiskern-, Lein-, Oliven- und Baumnussöl, zu verwenden in der kalten Küche, zum Abschmecken von gedünsteten Gemüsen, gekochtem Getreide und Hülsenfrüchten. Verwenden Sie möglichst Bio-Qualität, denn die im konventionellen Anbau eingesetzten Pestizide sind praktisch alle fettlöslich und finden sich deshalb im Öl wieder.

Mischen Sie in einer dunklen Glasflasche die gleiche Menge an Olivenöl, Leinöl und Hanföl zusammen und bewahren Sie es im Kühlschrank auf. Zu jeder Breimahlzeit mischen Sie einen Esslöffel dazu. Wenn Sie diesen Öl-Mix nicht mischen möchten, können Sie auch zu jeder Breimahlzeit alternierend einmal einen Esslöffel Olivenöl, Leinöl oder Hanföl beimengen.

## Milch – nö. Aus guten Gründen

### Steckbrief

Die richtige Kalziumquelle ist für die Gesundheit der schwangeren Frau und ihres Kindes wichtig. Wir empfehlen gute und nährwertvolle Getreidedrinks anstelle von Kuhmilch, am besten selbst hergestellt. Außer der Sojamilch und der Mandelmilch enthalten alle Getreidedrinks, die gekauft werden können, verhältnismäßig viel natürlichen Zucker (Glukose und Saccharose). Bei der industriellen Herstellung von Reis-, Hirse- und Haferdrinks werden Enzyme – die sogenannte α-Amylase – beigefügt, um die Kohlenhydrate aufzuspalten, damit die Polysaccharide bereits als Glukosemoleküle vorliegen. Dies führt dazu, dass das Endprodukt, welches wir trinken, süß ist und uns besser schmeckt. Dieser natürliche Zucker, welcher durch den Herstellungsprozess im Endprodukt erzeugt wird, hat im Körper die gleiche metabolische Wirkung wie der raffinierte Haushaltszucker und erhöht den Glukose- bzw. den Insulinspiegel genauso. Das so angereicherte Produkt darf mit der Angabe „enthält nur natürlichen Zucker“ versehen werden. Das stimmt zwar, ist aber letztlich irreführend.

### Naturwissenschaft

Um die Milchmenge zu erhöhen, werden die Kühe hochgezüchtet. Die Milchmengen sind nur mit Futter zu erreichen, das nicht artgerecht ist. Der Verdauungstrakt der Kühe wird verändert, ebenso die Zusammensetzung der Milch. Außerdem ist die Milch im Supermarkt eine Mischung von Tausenden von Kühen, welche sich in unterschiedlichen Laktations- und Trächtigkeitsphasen befinden, und damit auch mit verschiedenen Hormonen versetzt (7).

Im Folgenden haben wir aus wissenschaftlicher Sicht zusammengetragen, warum dem Milch- und Milchproduktekonsum mehr Beachtung geschenkt werden sollte bzw. warum es ratsam ist, Kuhmilch wegzulassen bzw. durch Nicht-Milch-Produkte zu ersetzen. Gedanken zur Milchherstellung haben wir dem gut fundierten Buch „Milch besser nicht“ von Maria Rollinger entnommen (36).

### Homogenisierung

Die Milch wird homogenisiert, damit sie länger frisch ausschaut und der Rahm nicht oben aufschwimmt. Durch die Homogenisierung erhöht sich die Anzahl der Fettkügelchen um das Tausendfache. Durch die Verkleinerung der Fettpartikel haften ihnen Eiweiße, Hormone und Enzyme an.

Die Verkleinerung hat den Vorteil, dass die Milch auf den ersten Blick verdaulicher wird, jedoch werden die kleinen homogenisierten Fettpartikel über die Darmschleimhaut samt ihren Anhaftungen direkt ins Blut transportiert. Dieser Prozess verschiebt das Problem der Milchunverträglichkeit auf eine andere Ebene.
Die nicht homogenisierte Milch kann nämlich bei einigen Menschen Durchfall verursachen, weil die Fettpartikel hier größer sind und von der menschlichen Lipase (Verdauungsenzym für Fett, das im Pankreas gebildet wird) nicht verdaut werden können und somit direkt durch den Darm gehen und Durchfall verursachen können. Demzufolge sieht es so aus, dass homogenisierte Milch besser vertragen wird, da es keinen oder wenig Durchfall gibt (weil die Durchfall auslösenden Fettpartikel nicht mehr im Darm sind). Jedoch gelangen die Fettpartikel durch die Darmwand hindurch ins Blut, wo sie nicht hingehören. Dieser Prozess verursacht unter Umständen Milchunverträglichkeits-Symptome.

**Pasteurisierung und UHT-Erhitzung**
Die Milch aus dem Supermarkt ist erhitzt (pasteurisiert oder mittels Ultra-High-Temperatur-Verfahren) und haltbar gemacht. Die Erhitzung verursacht eine Denaturierung des Eiweißes.

**Lactoseintoleranz**
Ein anderer Faktor, weshalb nach dem Säuglingsalter auf Milch verzichtet werden sollte, ist die Laktoseintoleranz. Obwohl viele Menschen durch eine genetische Mutation gingen, so dass sie auch noch im Erwachsenenalter Milchzucker (Laktose) verdauen können, gibt es doch einen großen Anteil von Menschen, die nach dem Genuss von Kuhmilch unter Blähungen, Durchfall und Magenschmerzen leiden, was meist auf eine Laktoseintoleranz zurückzuführen ist.

**Xanthionodiase wird aktiv**
XO (Xanthionodiase) ist ein Enzym, das in Kuhmilch in höheren Konzentrationen vorkommt als in anderen Säugetiermilcharten. Dieses XO-Enzym ist in den Fettpartikeln verkapselt und für den menschlichen Magen-Darm-Trakt nicht zugänglich, somit inaktiv. Wird hingegen die Milch homogenisiert, werden die Fettpartikel zerkleinert, das XO-Enzym wird freigesetzt und für den menschlichen Organismus verfügbar. Eine zu hohe Aktivität des XO-Enzyms kann zu Gicht führen. XO wird im menschlichen Organismus in der Leber produziert und spielt für den Purinstoffwechsel eine wichtige Rolle. Es zirkuliert nicht frei im Blut, sondern ist in bestimmten Organen lokalisiert (36).

**Magnesium, aber unnütz**

Magnesium ist für die Aufnahme und Bioverfügbarkeit von Kalzium im Körper sehr wichtig. Da Milch sehr viel Kalzium enthält, aber davon zwei Drittel mit Phosphor in Verbindung steht, braucht es Magnesium und Vitamin $B_6$, um diese Verbindung aufzulösen, damit das Kalzium in die Knochen aufgenommen werden kann. Da aber das Verhältnis von Magnesium zu Kalzium nur 1:12 ist, kann dieses vorhandene Kalzium, eingeschlossen in einer Kalzium-Phosphat-Verbindung, nicht vom Körper genutzt werden. Dies ist einer der Gründe, weshalb die empfohlene Tagesdosis von Kalzium in den westlichen Ländern ungefähr doppelt so hoch ist wie in Japan und China, wo Milch nicht eine Hauptquelle für Kalzium ist. Dies ändert sich allerdings allmählich, da aus wirtschaftlichen Gründen immer mehr Milch in diese Länder exportiert und mit „Milch für starke Knochen" generell geworben wird. Eine Studie bei älteren Menschen in Japan ergab, dass der Körper nur 600 mg Kalzium braucht. Empfohlen sind ca. 850 mg. In westlichen Ländern sind es zwischen tausend und 1200 mg Kalzium pro Tag (37).

Studien zeigen auch, dass in asiatischen Ländern, in denen der Milchkonsum bis jetzt geringer ist als im Westen, weniger Osteoporose auftritt. Für eine gute Absorption von Kalzium in den Knochen und Zähnen sind neben Magnesium und Vitamin $B_6$ auch Vitamin D3 und K2 wichtig (21). (38)

Gute Quellen für Magnesium, Vitamin K2 und Vitamin $B_6$ sind Gemüse und Getreide. Vitamin D ist in Fisch, Ei und Pilzen enthalten.

Ein für die Blutgerinnung wichtiges Vitamin ist Vitamin K. Lebensmittel pflanzlichen Ursprungs sind sehr gute Quellen dafür, besonders grüne Gemüsesorten. Sie liefern die Variante Vitamin K1. Daneben gibt es noch das von Darmbakterien produzierte Vitamin K2.

Bei gesunden Menschen entwickelt sich im Allgemeinen kein Mangel an Vitamin K. Lebensmittel, die relevante Mengen davon enthalten, kommen hierzulande meist regelmäßig auf den Tisch, sodass die Bedarfsdeckung kein Problem darstellt.

Eine ausgewogene Ernährung ist wichtig, um den Bedarf an Vitamin K zu decken. Wir führen unserem Körper pro Tag ungefähr 400 Mikrogramm Vitamin K mit Lebensmitteln zu – also deutlich mehr als die empfohlene Menge – und verbrauchen davon etwa die Hälfte. Da es sich jedoch zu zirka 90 Prozent um das schlechter resorbierbare Vitamin K1 handelt, ist es wichtig, regelmäßig Vitamin-K-Lebensmittel in seinen Speiseplan

einzubauen. Dann ist ein Vitamin-K-Mangel bei gesunden Erwachsenen leicht zu vermeiden.
Die empfohlene Menge von rund 60 bis 80 Mikrogramm pro Tag steckt zum Beispiel in:

- 100 Gramm Knollensellerie und einer Avocado
- 50 Gramm Rosenkohl

Ein Vitamin-K-Mangel kann aber entstehen, wenn jemand an einer Aufnahmestörung leidet. Das kommt zum Beispiel bei chronischen Erkrankungen des Verdauungstrakts oder bei langer Antibiotika-Einnahme vor. Dann kann es sinnvoll sein, Präparate mit Vitamin K einzunehmen, um eine Störung der Blutgerinnung zu verhindern.
Für die Personen, die sich ausschließlich pflanzlich vollwertig ernähren, kann eine D3/K2 Supplementierung sinnvoll sein.

**Benzoesäure, schädlich**
Benzoesäure dient in der Industrie als Konservierungsmittel und ist unter den (von der EU für Lebensmittelzusatzstoffe vergebenen) E-Nummern 210 bis 213 zu finden. Es dient zur Pilz- und Bakterienabtötung. Für Tiere ist Benzoesäure bereits in kleinen Mengen tödlich und darf in Hunde- und Katzenfutter nicht als Konservierungsmittel verwendet werden. Wenn die Milch beim Melken der Kuh mit Luft in Verbindung kommt, entsteht durch Oxidation Benzoesäure. Sie ist in der Milch nachweisbar und schädlich. Die vom Kalb direkt vom Euter gesaugte Milch enthält hingegen keine Benzoesäure (da sie nicht mit der Umgebungsluft in Kontakt kommt) (36).
Bei fermentierten Milchprodukten, z.B. Quark und Joghurt, besonders in Kombination mit Früchten, wie z.B. Heidelbeere, ist der Anteil Benzoesäure noch höher, da der Prozess der Fermentierung weiter voranschreitet.

**IGF-1, ungebunden**
Milch enthält Sexualhormone, Wachstumshormone sowie Hormone, welche verschiedene Organe im menschlichen Körper beeinflussen, wie z.B. die Schilddrüse und den Hypothalamus. Ein bekanntes Wachstumshormon ist das IGF-1 (Insulin-like Growth Faktor), das stärkste in der Natur vorkommende Wachstumshormon. Dieses Wachstumshormon beschleunigt die Zellteilung und die Ausbreitung von Tumoren, besonders von Brust- und Prostatatumoren. Das Kalb braucht dieses IGF-1 in den ersten sechs Monaten, um zu einer Kuh heranzuwachsen. Ganz anders ist das bei unseren Kindern; sie wachsen nicht mit dieser Geschwindig-

keit. Das IGF-1, welches über Milchprodukte konsumiert wird, tritt nicht gebunden im Blut auf und kann Krebswachstum hervorrufen (33), (39), (40).

### TCM

Kuhmilch kann nicht empfohlen werden, da sie verschleimt: Das XO-Enzym produziert zusammen mit den verkleinerten Fettpartikeln und den Eiweißmolekülen pathogenen Schleim und Leber-Blut-Hitze. Symptome sind zum Beispiel Verschleimung in Kieferhöhlen, Stirnhöhlen, Eustachi-Röhre, Hautunreinheiten/Pickel. Symptome einer Leber-Blut-Hitze sind zum Beispiel Ekzeme, Neurodermitis, Rötungen der Haut.
Eine nicht ausreichende Aufnahme von Kalzium in den Knochen führt zu einer Yin-Mangel-Symptomatik.

### Wichtig für die ersten tausend Tage

Wir empfehlen, alle Kuhmilch-Produkte wegzulassen.

# 8. Wertvolle Nahrungsmittel

## Algen – nährstoffreich

### Steckbrief

Algen werden vor allem in Ostasien als Lebensmittel genutzt. Die Verwendung von Algen ist in China seit 4500 Jahren überliefert. Jedoch wussten auch europäische Völker, die am Meer lebten, dieses Nahrungsmittel zu nutzen. Kelten und Wikinger schätzten die Dulse genannte Alge als nährstoffreiches, kompaktes Nahrungsmittel auf ihren Reisen, während die Briten Nori-Algen in ihre Brote gebacken haben. Unter dem Einfluss der modernen Zivilisation kamen die Menschen immer mehr von ihren traditionellen Ernährungsgewohnheiten ab, und die Algen verschwanden aus der Küche. Lediglich in Japan und China blieb die Verwendung der Algen für Gerichte und zur Behandlung von Krankheiten weitgehend erhalten. Heute werden weltweit jährlich zwischen acht und neun Millionen Tonnen Algen geerntet. Der größere Teil davon wird zu Viehfutter, Dünger und Kosmetika verarbeitet. Meeresalgen sind reich an Inhaltsstoffen; besonders erwähnenswert ist der hohe Gehalt an Mineralien (7 bis 38 %) und deren Salze (Alginate) sowie der Gehalt an Spurenelementen, besonders Jod und Fluor. Ernährungsphysiologisch bedeutsam sind die darmpflegenden Schleimstoffe. Die hier besprochenen Meeresalgen gehören zu den Familien der Rotalgen (Nori, Dulse, Agar-Agar) und Braunalgen (Kombu, Arame, Hijiki, Wakame). Algen werden heute nicht nur aus Japan importiert, es gibt auch Algen-Sorten, die in der Bretagne (Produktname: Bord Bord) kultiviert werden und frisch in Reformhäusern gekauft werden können.

### Wissenschaft

Algen haben ca. 2 % Fett, viele Proteine (ca. 50 %) und Polysaccharide (ca. 40 %).

### TCM

Algen sind gemäß TCM-Einteilung kühl und salzig, sie transformieren Schleim und Feuchtigkeit, tonisieren Yin, kühlen Hitze und Feuer, eliminieren Toxine, tonisieren Blut und Qi und regulieren den Stuhlgang. Sinnvoll ist der regelmäßige Konsum kleiner Mengen, kombiniert mit wärmenden Nahrungsmitteln und Kräutern.

**Wichtig für die ersten tausend Tage**
In kleinen Mengen können Kinder ab dem ersten Lebensjahr Algen essen; zu bevorzugen ist die Norialge, da sie am wenigsten Jod enthält.

## Fisch und Meeresfrüchte – ab und zu ein wenig

### Steckbrief

Wenn Zuchtfische und Zucht-Meeresfrüchte konsumiert werden, ist es empfehlenswert, diese aus biologischer Zucht zu wählen. Die Nahrung aus dem Meer kann unterschiedlich mit Schwermetallen belastet sein. Je fettreicher Meeresprodukte sind, umso mehr Schwermetalle können sich eingelagert haben.

### Fische

Fische gehören zu den ältesten Nahrungsmitteln der Menschheit. Für die Ernährung sind sie durch ihren hohen Gehalt an nahrhaftem und leicht verdaulichem Eiweiß, ihre hochwertigen Fette (Omega-3-Fettsäuren) und ihren Vitamingehalt (B-Vitamine und Vitamin D) besonders wertvoll. Besonders fettreich sind Hering, Lachs, Makrele und Thunfisch, gefolgt von Karpfen und Sardinen mit eher mittlerem Fettgehalt. Aus ernährungsphysiologischer Sicht sind besonders der hohe Kalium- und Selengehalt erwähnenswert.

### TCM

Mehrheitlich sind die Fische süß im Geschmack und neutral im Temperaturverhalten. Wir setzen sie in der TCM vorwiegend als Tonikum für Qi, Yin und Blut, zur Ausleitung von Hitze und Toxinen sowie zum Blutbewegen ein.

### Meeresfrüchte

Meeresfrüchte sind traditionell ein alltägliches Nahrungsmittel für Bewohner der Meeresküsten. Als Meeresfrüchte werden wirbellose Meerestiere bezeichnet. Zu ihnen zählen die Gruppen der Krebstiere (Schalentiere) und Weichtiere (Schnecken, Muscheln, Tintenfische). Obgleich kein Nahrungsmittel so schnell verdirbt wie Meeresfrüchte, sind sie dank der heutigen Transport- und Kühlmöglichkeiten nahezu überall erhältlich. Unmittelbar nach dem Tod der Tiere setzt der Zerfallsprozess und die Besiedlung mit zersetzenden Mikroorganismen ein. Damit der Abbau gar nicht erst einsetzt, werden die Meerestiere am besten bei lebendigem Leibe in das kochende Wasser gegeben, sei es in der Küche oder unmittelbar nach dem Fang, mit anschließender Konservierung bzw. Verarbeitung. Das schmackhafte Fleisch der Weichtiere enthält reichlich Bindegewebe mit einem hohen Anteil an Kollagen. Dadurch sind sie schwer verdaulich. Meeresfrüchte haben ein hochwertiges Eiweiß, ähnlich dem der Fische. Anders als bei den Eiweißen anderer Nahrungsmittel weisen die Meeresfrüchte einen hohen Gehalt an freien Aminosäuren auf, die bei den anderen Nahrungsmitteln erst während der Verdauung im Darm freigesetzt werden. Diese freien Aminosäuren sind auch der Grund für das schnelle Verderben der Meeresfrüchte. Bei allen Meeresfrüchten ist der salzige Geschmack vertreten, oft in Kombination mit einer weiteren Geschmacksrichtung.

### TCM

Die Temperaturqualität reicht von kalt bis warm. Meeresfrüchte sind Yin-, Yang- und/oder Qi-Tonika. Darüber hinaus beseitigen viele von ihnen pathogene Feuchtigkeit und Schleim. Meeresfrüchte sind ein häufiger Auslöser für Lebensmittelallergien mit Nesselausschlag (Urtikaria), Asthma, Mund- und Nasenschleimhautentzündungen. Manche Tiere sind durch die Vergiftung unserer Gewässer zunehmend mit Schwermetallen und Umweltchemikalien belastet.

### Wichtig für die ersten tausend Tage

Wir raten, Meeresfrüchte aufgrund der Umweltbelastung nur in geringen Mengen zu genießen.

## Fleisch – wie Fisch: wenig und bio!

### Steckbrief

Das Fleisch diente schon früh in der Menschheitsgeschichte, zu Zeiten der Jäger und Sammler, als wichtiges Nahrungsmittel.

### Wissenschaft

Fleisch, auch Innereien wie Leber, sind proteinreich. Weitere wichtige Inhaltsstoffe sind Eisen, Zink und die B-Vitamine. Die Zusammensetzung der Fette variiert je nach Tierart und Fleischsorte sehr stark.

### TCM

Auch die TCM sieht Fleisch als wirkungsvolles Tonikum von Qi, daneben auch von Yin und Blut. Das Fleisch ist im Geschmack hauptsächlich süß. Die Temperatur reicht von warm bis kalt. Die moderne Massenhaltung mit ihrer artfremden Tierhaltung und ihrem massiven Einsatz von Masthilfen und Medikamenten führt zu Veränderungen der Fleischqualität mit entsprechenden Rückständen. Insbesondere die Leber, auch bei Tieren das Entgiftungsorgan, kann stark belastet sein.

### Wichtig für die ersten tausend Tage

Fleisch sollte in überschaubaren Mengen konsumiert werden. Bei einer ausgewogenen vegetarischen, ja sogar einer rein pflanzlich-vollwertigen Ernährung, kann mit großem Nutzen auf Fleisch verzichtet werden. Einzig der Versorgung mit $B_{12}$ ist besondere Beachtung zu schenken. Dieses Vitamin findet sich nur in tierischen Produkten. Veganer müssen Vitamin $B_{12}$ über Nahrungsergänzungsmittel einnehmen. Falls das Gemüse und Obst direkt aus dem Garten kommt, ist an der Schale $B_{12}$ vorhanden. Auch wird es im Darm selbst hergestellt. Da man nur wenig $B_{12}$ benötigt, genügt das.
Natürlich gilt auch bei Fleisch: Bio-Qualität verwenden!

## Früchte – süß und fein

### Steckbrief

Botanisch gesehen entstehen Früchte aus den Blüten einer Pflanze, meistens umhüllen sie mit ihrem Fruchtfleisch den Samen bis zu seiner Reife. Früchte wachsen meist auf mehrjährigen, verholzten Pflanzen. Sie sind das Ergebnis uralter Kulturen und wurden vor allem durch traditionelle Züchtungen entwickelt.

### Wissenschaft

Früchte bestehen überwiegend aus Wasser (80 bis 93 %), enthalten viel Fruchtzucker und Ballaststoffe, vor allem Pektin und Hemizellulose. Sie sind wichtige Quellen für Vitalstoffe wie Vitamine, organische Säuren, Mineralstoffe und diverse sekundäre Pflanzenstoffe wie Flavonoide und

Karotinoide. In Bezug auf die Vitamine ist der Gehalt an Vitamin C hervorzuheben. Der Gehalt dieser ernährungsphysiologisch wertvollen Stoffe schwankt je nach Anbaubedingungen und Witterung; sie entwickeln sich vor allem im Endstadium der Fruchtreife.
Früchte, die einen weiten Transport vor sich haben, werden in unreifem Zustand geerntet. Diesen Früchten fehlt die Energie der Sonne. Dadurch liefern sie ein kleineres Ausmaß an Qi.
Die Konzentration aller bioaktiven Stoffe ist in und direkt unter der Schale am größten. Biologisch gezogene Früchte sollten mit der Schale gegessen werden und enthalten generell deutlich weniger Pestizide und Schwermetalle als konventionell angebaute. Die meisten Früchte haben einen süßen und/oder sauren Geschmack.
Heutzutage sind Früchte meist überzüchtet und schmecken sehr süß; sie haben einen höheren Fruktose- als Glukoseanteil. Eine Ausnahme sind Beerenfrüchte, die ein ausgeglichenes Fruktose-Glukose-Verhältnis und generell einen niedrigeren Zuckeranteil aufweisen. Da Fruchstäfte insbesondere viel Zucker beinhalten (ausser Beerensäfte), sollte auf diese ganz verzichtet werden, zumindest im ersten Lebensjahr. Sie führen dem Kind viel zu viel Zucker zu.

## TCM

Die Temperatur gemäß der TCM reicht von warm bis kalt, wobei die einheimischen Früchte und Beeren tendenziell wärmer sind als die Südfrüchte. Wir verwenden Früchte, um Yin und Blut zu tonisieren, Hitze zu kühlen, pathogene Feuchtigkeit und Schleim zu beseitigen, Toxine auszuleiten und um den Stuhlgang zu regulieren. Früchte haben ein breites Wirkungsspektrum. Ihre Wirkung ist selten nur auf einen Inhaltsstoff zurückzuführen, sondern auf das Zusammenwirken aller Inhaltsstoffe; eine Wirkung, die niemals durch die isolierte Zufuhr einzelner Nährstoffe zu erreichen ist. Früchte werden üblicherweise frisch und roh verzehrt. Um das kühlende Temperaturverhalten auszugleichen, können Früchte gekocht oder gedünstet genossen werden. Von gekauftem Kompott raten wir eher ab, da die biologische Wertigkeit durch die Hitze reduziert wird und ausserdem zusätzlich Zucker zugeführt wird. Trockenfrüchte sind in ihrem Temperaturverhalten wärmer. Sie sind als Konzentrat zu betrachten. Als Faustregel gilt: Man soll höchstens so viel davon essen, wie man frische Früchte essen würde. Das gilt auch bezüglich des Konsums von Fruchtsäften. Ein Glas Orangensaft entspricht etwa drei Orangen.
Von geschwefelten Früchten ist abzuraten, sie können Blut-Hitze erzeugen oder verschlechtern. Ananas zum Beispiel fördert die Verdauungsenzyme. Damit kann eine Nahrungsstagnation im Magen aufgelöst werden.

Die Kiwi enthält als Inhaltsstoff Actinidin, das geeignet ist, Milcheiweiß zu spalten; die Kiwi ist somit ebenfalls bei Nahrungsstagnation empfohlen. Papaya löst die Eiweiß-Schlacken im Darm und löst somit Feuchtigkeit und Nässe und leitet Hitze aus. Mango fördert die Eiweiß-Verdauung bei einer Nahrungsretention (Stagnation) im Magen. All diese Früchte haben eine wärmende Eigenschaft auf den Magen-Darm-Trakt.

**Verdauungsenzyme in Früchten:**

| Frucht | Wirkstoff | Wirkung | TCM-Wirkung |
|---|---|---|---|
| Ananas | Bromelain | Eiweißverdauung fördernd | Nahrungsretention auflösend |
| Kiwi | Actinidin | Spaltet Milcheiweiß | Nahrungsretention auflösend |
| Papaya | Papain | Eiweiß-Schlacken im Darm auflösend | Feuchtigkeit / Nässe / Hitze |
| Mango | Mangiferin | Eiweißverdauung fördernd | Nahrungsretention auflösend |

*Tabelle 19: Verdauungsenzyme in Früchten.*

Oben erwähnte tropischen Früchte enthalten besonders viele Enzyme. Von den einheimischen Früchten sind Äpfel und Birnen erwähnenswert. Ihr Gehalt ist allerdings tiefer.

### Wichtig für die ersten tausend Tage

Wir raten, Früchte nach Gemüse und erst im 8. bis 9. Lebensmonat zu geben.

Das Kind soll erst die Geschmäcker der eher bitteren Gemüse lernen, Früchte mögen sie sowieso. Sobald sie sich an die Süße der Früchte gewöhnt haben, wollen sie Gemüse nicht mehr so gerne essen.

Früchte-Pouches sind tabu. Sie verabreichen viel zu viel Zucker in viel zu wenig Zeit. Sie kommen einer Zuckerspritze gleich. Auch Fruchtsäfte sind problematisch. Auch wenn es Fruchtzucker ist, der Körper muss den Zucker verarbeiten. Die Zuckermenge in einem Schluck Fruchtsaft ist viel zu hoch.

Durch die pürierte und fruchtzuckerhaltige Nahrung, die die Verdauungspassage im Mund überspringt, kann die Zuckerverdauung durch das Speichel-Enzym α-Amylase nicht mehr stattfinden. Durch den inkompletten Verdauungsprozess können Gärungen im Dickdarm entstehen, was zu Blähungen führt. Dadurch wird das ohnehin physiologisch-schwache Milz-Qi der Kleinkinder noch mehr geschwächt.

## Gemüse – einfach großartig, gleich nach dem Abstillen

### Steckbrief

Gemüse stellte in früheren Zeiten, neben Getreide und Hülsenfrüchten, den Hauptanteil der Ernährung. Noch vor nicht allzu langer Zeit gab es in den Wintermonaten vor allem Kraut, Kohl und Rüben, Wurzeln und Knollen zu essen. Mit der Zunahme des Fleisch- und Milchkonsums verlor das Gemüse in Mitteleuropa seinen Stellenwert. Dank Gewächshäusern und den heutigen Transportmöglichkeiten werden die Jahreszeiten übersprungen. Irgendwo auf der Welt ist immer Erntezeit, und so sind viele Gemüse das ganze Jahr über im Angebot. Das hat zur Folge, dass viele Menschen nicht mehr wissen, welche Gemüse einheimisch sind und in welcher Jahreszeit sie wachsen.
Viele Produktionstechnologien beschleunigen sogar das Wachstum, Erntezeitpunkte können vorverlegt werden. Hors-Sol-Produktionen führen zu einer Verminderung der aus unserer Sicht erwünschten Inhaltsstoffe. Auch Hybridkulturen (Kreuzungen) verwässern die Inhaltsstoffe. Aus diesem Grund und wegen all der Pestizide, welche in der „normalen" Produktion eingesetzt werden, sind Erzeugnisse aus biologischer und regionaler Landwirtschaft zu bevorzugen.
Gemüse enthalten, ähnlich wie Früchte, einen hohen Wasser-Anteil (80 bis 95 %). Sie sind gute Mineralstofflieferanten, wobei besonders Kalium, Kalzium, Magnesium und Eisen erwähnenswert sind. Gemüse enthalten viele Spurenelemente, Vitamine und Ballaststoffe. Außerdem bieten die sekundären Pflanzenstoffe Unterstützung für das Immunsystem und einen reibungslosen Stoffwechsel. Wertvoll sind zum Beispiel Karotinoide, Anthocyane, Flavonoide oder die scharf schmeckenden Glucosinolate in den Gemüsen der Familie der Kreuzblütler wie Kohl und Rettich.
Sekundäre Pflanzenstoffe sind über viele Früchte und Gemüse verteilt. Deshalb sollten viele verschiedene Arten von Früchten und Gemüsen verzehrt werden (Konzept Regenbogen: Alle Farben sollten vertreten sein).

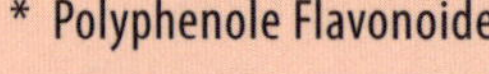

* Polyphenole Flavonoide
* Carotinoide
  z.B. Karotten, Aprikosen, Melonen
* Monoterpene
  z.B. Limonen, Pfefferminzöl
* Glucosinolate
  z.B. Brokkoli, Kraut, Radieschen
* Sulfide
  z.B. Lauch, Knoblauch, Zwiebel
* Phytoöstrogene
  z.B. Sojasprossen

Derzeit wird von ca. 100 000 Pflanzenstoffen ausgegangen. Von diesen sind nur ungefähr 5 % bekannt.

*Quelle: Watzl, Leitzmann: „Bioaktive Substanzen in Lebensmitteln"*
*Abbildung 18: Sekundäre Pflanzenstoffe.*

Gemüse, vor allem in gekochter Form, soll reichlich verzehrt werden, es eignet sich besonders gut als Grundlage für das Abendessen. Da sekundäre Pflanzenstoffe und Vitamine wie Vitamin C, Folsäure und andere B-Vitamine hitzeempfindlich sind, sollte täglich ein kleiner Anteil roh, in Form von Salaten, frisch gepressten Säften oder Smoothies verzehrt werden.

Wenn die Verdauung normal ist (die „Mitte" stark aus TCM-Sicht) kann ein Drittel der Nahrung täglich roh verzehrt werden. Ein guter Tipp ist auch: „Schnellzug vor Bummelzug" – also Rohes vor Gekochtem.

### TCM

Gemüse sind gemäß TCM in fast allen Temperaturgraden und Geschmacksrichtungen zu finden, d.h. sie können kalte bis warme Temperaturverhalten aufweisen und süß, sauer, bitter und scharf sein. Zur besseren Verdaulichkeit und besonders bei Vorhandensein von Kälte der Mitte (Kälte des Magen-Darm-Traktes) oder Umwandlung (Verdauungsprobleme) sollten insbesondere die energetisch kühleren Gemüse wie Gurken und Tomaten gedünstet und mit wärmenden Kräutern und Gewürzen kombiniert werden.

Der nicht mehr geformte, dünnflüssige Stuhl weist auf einen evtl. zu hohen Anteil an Rohkost hin. Der eher weiche und lose Stuhl spiegelt ein geschwächtes Milz-Qi oder eine Schwäche der Mitte (Schwäche des Magen-Darm-Traktes).

### Wichtig für die ersten tausend Tage

Gemüse ist das erste Nahrungsmittel, welches nach dem Abstillen gegeben wird. Wir raten, mit Fenchel, Pastinaken, Karotten jeweils einzeln als Brei anzufangen. Bei guter Toleranz können diese Gemüse auch gemischt werden.

## Hülsenfrüchte – einweichen, aufkochen

### Steckbrief

Diese traditionsreichen Grundnahrungsmittel erleben in unserem Kulturkreis mit der vollwertigen und vegetarischen Küche eine Zeit der Wieder- und Neuentdeckung.

### Wissenschaft

Hülsenfrüchte sind reich an Eiweiß, Kohlenhydraten, Ballaststoffen, Vitaminen (B-Komplex), Mineralien und Spurenelementen (insbesondere Eisen, Kupfer, Zink). Wegen ihres hohen Proteinanteils sind sie Vegetariern und Veganern sehr anzuraten, müssen jedoch aufgrund einzelner fehlender Aminosäuren mit weiteren aminosäurehaltigen Nahrungsmitteln ergänzt werden, zum Beispiel mit Getreide, Nüssen und Samen, Pilzen und Algen. In den traditionellen Küchen vieler Länder finden sich bereits derartige Kombinationen: Mais und Bohnen, Reis und Linsen oder Hirse und Kichererbsen.

### TCM

Praktisch alle Hülsenfrüchte sind süß im Geschmack, jedoch oft erst in Kombination mit einer weiteren Geschmacksrichtung. Das Temperaturverhalten ist neutral. In der Diätetik setzen wir die Hülsenfrüchte zum Tonisieren von Qi, Blut und Yin ein, aber auch, um Nässe und Feuchtigkeit zu transformieren und den Stuhlgang zu regulieren.

### Wichtig für die ersten tausend Tage

Kinder ab sechs Monaten, deren Mütter bereits in der Schwangerschaft und während der Stillzeit Hülsenfrüchte gegessen haben, vertragen weichgekochte Hülsenfrüchte-Beikost problemlos.

EXTRA: Zubereitung Hülsenfrüchte

Weil Hülsenfrüchte für einen ungeübten Darm schwer verdaulich sind, ist es wichtig, dass sie richtig zubereitet werden. Wenn Verdauungsbeschwerden und Blähungen entstehen, sollte man prüfen, ob Säfte, Kompott oder Zucker genossen wurden. Wenn diese entfallen, schwinden auch die Verdauungsbeschwerden bei Hülsenfrüchten.

Diese Beschwerden sind leicht zu vermeiden, wenn einige Grundregeln bei der Zubereitung beachtet werden:

1. Nach dem Waschen und ausreichendem Einweichen muss das Einweichwasser weggegossen und die gequollenen Hülsenfrüchte müssen gründlich unter fließendem Wasser abgespült werden.
2. Die Hülsenfrüchte werden dann in einem Topf mit frischem Wasser, bis etwa 5-10 cm über den Hülsenfrüchten, übergossen und eine Kombu-Alge zugefügt (sie trägt zur besseren Verdauung bei).
3. Die Hülsenfrüchte müssen zugedeckt bei kleinem Feuer gut weich köcheln und dabei immer etwas mit Wasser bedeckt sein (nötigenfalls etwas Wasser nachgießen). Sie sollten nach dem Kochen nicht mehr bissfest sein und mit einer Gabel ohne Kraftaufwand zerdrückt werden können.
4. Die Hülsenfrüchte werden noch schmackhafter, wenn sie in gesalzenem Wasser gekocht werden, auch wenn dies in der einschlägigen Literatur nicht empfohlen wird. Die Garzeit verlängert sich dadurch nicht.
5. Blähung-mindernde Gewürze wie Lorbeerblätter, Bohnenkraut, Thymian, Rosmarin, Kümmel, Fenchelsamen, Koriander oder Ingwer können bereits während des Kochprozesses zugefügt werden, aber auch zum Schluss am besten frisch gemahlen.

Neu Einsteigenden ist zu empfehlen, nur mit kleinen Mengen, aber regelmäßig zu starten: pro Woche zwei- bis dreimal ein bis zwei Esslöffel gekochte Hülsenfrüchte essen, das trainiert die Verdauungskraft, die entsprechenden Verdauungsenzyme bilden sich. Die Tabelle gibt einen Überblick über die große Spannweite der empfohlenen Einweich- und Garzeiten.

**Hülsenfrüchte, wie lange einweichen, wie lange kochen:**

| Hülsenfruchtart | Einweichen<br>In der drei- bis vierfachen Menge Wasser | Kochen / Garen<br>Kochzeit kann je nach Kochtemperatur und Alter der Hülsenfrüchte und Wasserqualität stark variieren |
|---|---|---|
| Linsen geschält | | ca. 20 Min. |
| Linsen ungeschält | | ca. 40 Min. |
| Mungbohnen | 1-2 Std. | ca. 2 Std. |
| Azukibohnen | | ca. 3 Std. |
| Kidneybohnen | | |
| Schwarze / weiße Bohnen | 8-12 Std. | ca. 4 Std. |
| Kichererbsen | | |
| Gelbe Sojabohnen | | |

*Tabelle 20: Hülsenfrüchte: wie lange einweichen, wie lange kochen.*

## Nüsse und Samen – zum Beispiel als Mus

### Steckbrief

Wurden Nüsse und Samen lange als zu fettreich verpönt und von der Liste der empfohlenen Lebensmittel gestrichen, so stellten in letzter Zeit immer mehr Forschende in vielen Ländern positive Auswirkungen von Nüssen und Samen aller Art fest. Die Hauptnährstoffe in ihnen sind Eiweiße und Fette. Auch enthalten sie wertvolle Vitalstoffe (s.u.). Sie stehen bei den pflanzlichen Eiweißlieferanten hinter den Hülsenfrüchten an zweiter Stelle.

### Wissenschaft

Das Fett der Nüsse und Samen besteht zu einem hohen Anteil aus ernährungsphysiologisch erwünschten ungesättigten Fettsäuren. Nachteilig ist, dass einige dieser Öle leicht oxidieren. Die dabei entstehenden verdorbenen Fette können im Körper außerordentlich zerstörerisch wirken. Geschälte Nüsse und Samen, insbesondere zerkleinerte, sind besonders leicht verderblich. Weiterhin enthalten Nüsse und Samen häufig reichlich

Mineralien (besonders Kalzium, Magnesium, Phosphor) und Spurenelemente (besonders Eisen, Zink, Mangan, Kupfer, Selen) sowie Vitamine. Es lohnt also, ganze Nüsse und Samen in einer Nussmühle oder einem Mixer selbst zu zerkleinern.

### TCM

Die meisten Nüsse und Samen haben nach TCM ein neutrales Temperaturverhalten. Marroni, Baumnüsse (Walnüsse) und Pinienkerne sind thermisch warm. Die überwiegende Geschmacksrichtung ist süß. Nüsse und Samen zeigen in ihrer Gesamtheit eine große Breite an Wirkungen. Sie sind vor allem nährend, d.h. sie tonisieren in der Hauptsache Yin und Qi und befeuchten den Darm. Sie werden angewendet, um pathogene Feuchtigkeit und Nässe auszuleiten oder zu transformieren und Blut zu tonisieren. In zu hohen Mengen können sie wiederum auch verschleimen, aber längst nicht so stark wie Milchprodukte.

### Wichtig für die ersten tausend Tage

In Form von Mus liefern Nüsse und Samen, wie z.B. das Mandelmus oder Sesammus wertvolle Inhaltsstoffe wie z.B. Kalzium, Eisen, Magnesium und Selen.

## Sprossen und Keimlinge – ein Feuerwerk der Vitalstoffe

### Steckbrief

Sprossen und Keimlinge sind viel besser verdaulich und ihre Inhaltsstoffe leichter assimilierbar als die Samen, aus denen sie entstanden sind.

### Wissenschaft

Während des Keimvorganges findet eine Umwandlung von Stärke in Einfachzucker und von Proteinen in Peptone und freie Aminosäuren statt. Fettsäuren werden freigesetzt, der Gehalt an Vitaminen, Enzymen und Mineralien steigert sich. Sprossen und Keimlinge sind ein Feuerwerk der Vitalstoffe. Was im Samen kompakt und verschlossen in sich ruht, kommt nun in Bewegung und zur Freisetzung.

### TCM

Sprossen und Keimlinge sind generell kühlend und scharf. Getreidekeimlinge sind süß im Geschmack. Keimlinge von Hülsenfrüchten sind süß und bitter und können noch weitere Geschmacksrichtungen aufweisen. Sprossen und Keimlinge unterstützen Qi und das JinYe, d.h. die verschiedenen Säfte im Körper, und teilweise auch das Blut, was aus TCM-Sicht auch den Säften zugeordnet ist. Sie bewegen stagniertes Qi, einige kühlen Hitze und leiten Feuchtigkeit, teilweise auch Toxine aus. Bei einer Yang-Mangel-Symptomatik empfiehlt es sich, Sprossen und Keimlinge kurz zu dünsten und/oder mit wärmenden Zutaten abzuschmecken. Sprossen und Keimlinge sind auch nach Krankheit (Rekonvaleszenz) und zur Stärkung bei älteren Menschen zu empfehlen.

### Wichtig für die ersten tausend Tage

Gekeimte Produkte wie z.B. Tau aus Hafer, Gerste, Dinkel und Buchweizen sind wie geschaffen für kleine und große Kinder, da sie die besten Grundnahrungsmittel für die Babynahrung sind, aber auch in der Schwangerschaft die notwendigen Inhaltsstoffe liefern. Dadurch, dass sie gekeimt sind, liefern sie ca. zehnfach mehr Vitamine und Mineralstoffe als die entsprechenden Samen.

## Zucker – eigentlich wissen wir es ja

### Steckbrief

Haushaltszucker und brauner Zucker sind Industriezucker und werden üblicherweise aus Zuckerrüben oder Zuckerrohr hergestellt. Beim braunen Zucker handelt es sich um kristallisierten weißen Haushaltszucker, dem noch ein kleiner Anteil Farbstoffe und Melasse anhaften. Dem weißen bzw. braunen Haushaltszucker werden durch die Raffination die Vitalstoffe entzogen.

Wenn Zucker verwendet wird, sollte man auf die Qualität des Zuckers achten und Voll-Rohrohrzuckerarten wählen. Zum Beispiel haben Mascobado (aus den Philippinen) oder Jacutinga (aus Brasilien) eine reine Qualität und enthalten noch einiges an Mineral- und Vitaminstoffen. Ebenfalls ist Ahornsirup Grade C+ (Qualität des Ahornsirups aus Canada, der verglichen zum Grade A dunkler, intensiver und mineralstoffreicher ist) eine Alternative zum Haushaltszucker. Kokosblütenzucker aus der Blüte der Kokospalme ist aus nutritioneller Sicht in seiner Rohform eine Alternative zu Kristallzucker. Wichtig ist, diese Zuckerarten in biologischer und nachhaltig angebauter Qualität zu konsumieren, da Plantagen natürlich eine Problematik für sich darstellen. Trotzdem sind alle Zuckerarten von ihren Bausteinen her Ein- bzw. Zweifachzucker; sie sollten deshalb „so wenig wie möglich, und nur so viel als nötig" konsumiert werden. Der Bedarf an süßer Nahrung sollte im Normalfall durch Früchte gestillt werden.

## Wissenschaft

Es ist sehr wichtig, den Blutzucker langsam steigen und fallen zu lassen. Deshalb spielt es eine wichtige Rolle, in welcher Form der Zucker zu sich genommen wird. Zucker ist nämlich nicht gleich Zucker. Kohlenhydrate, also auch Brot und Teigwaren, sind sogenannte Polysaccharide oder Mehrfachzucker, sie bestehen aus einer Kette von Zuckermolekülen – der Glukose-Kette. Nur Glukose als Einfachzucker wird im Darm mit dem Insulin in das Blut und die Muskeln aufgenommen. Das heißt, je länger diese Ketten sind, umso langsamer ist die Aufnahme ins Blut und der Blutzuckerspiegel erhöht sich kontinuierlich. Wird hingegen Ein- bzw. Zweifachzucker eingenommen, sei es Haushaltszucker oder den Nahrungsmitteln zugefügter Zucker, erhöht sich der Blutzuckerspiegel sehr schnell, was später einen genauso schnellen Blutzuckerabfall nach sich zieht. Die Insulinausschüttung steigt entsprechend schnell und stark an, um den Zuckeranstieg auszugleichen. Die plötzlich große Menge an Insulin verlangt dann wiederum einen Ausgleich, denn der Blutzuckerspiegel ist stark gesunken. Der Effekt: Man fühlt sich weniger gesättigt und hat sehr schnell wieder „Heißhunger". Und stimmungsmäßig fühlt man zunächst ein „high", dann sinkt die Laune rapide. Durch diese „Zucker-Hunger-Schaukel" kann sich Suchtverhalten entwickeln. Zucker sollte also möglichst in Form von natürlichen Lebensmitteln, besonders auch durch Vollkorngetreide mit langen Glukose-Ketten zu sich genommen werden, damit die Insulinausschüttung kontinuierlich ansteigt und wieder fällt. So werden „Heißhunger-Attacken" vermieden.

Lactose, der Milchzucker, zieht eine langsamere Insulinausschüttung nach sich als Saccharose, obwohl beide Zweifachzucker sind. Lactose besteht aus Galaktose und Glukose. Galaktose ist ein Schleimzucker, welcher nicht süß ist, verglichen mit Saccharose, welche aus Glukose und Fruktose besteht.

Haushaltszucker braucht bei der Verdauung im Körper, wie alle anderen Kohlenhydrate auch, Vitamin B1 (Thiamin), welches als Co-Enzym wirkt. Wenn aber die Zuckerzufuhr höher ist als die Vitamin-B1-Zufuhr, können die Säuren, die durch den Zuckerabbau im Körper entstehen, nicht genügend neutralisiert werden. Dadurch braucht es einen Säure-Puffer, der mithilfe von Kalzium als basischer Substanz gebildet wird. Verfügt ein Organismus nicht über genug Kalzium, um die entstandenen Säuren zu puffern, werden Kalziumbestandteile aus Zähnen, Knochen und Muskeln herausgelöst, um dem Prozess der Übersäuerung entgegenzuwirken. Daher spricht man auch vom Vitamin-B-Räuber. Dazu kommt noch, dass wir weniger als früher mit B-Vitaminen versorgt sind, wenn wir Auszugsmehle aus geschältem Getreide essen.

### Zuckerarten

| Einfachzucker (Monosaccharide) | Glukose (Traubenzucker) | Fruktose (Fruchtzucker) | Galaktose (Schleimzucker) | Nahrungsmittelbeispiel |
|---|---|---|---|---|
| Zweifachzucker (Disaccharide) | Laktose (Milchzucker) Glukose und Galaktose | Saccharose (Haushaltszucker) Glukose + Fruktose | Maltose Glukose + Galaktose | Getreidemilch mit α-Amylase (hydrolisiert) Zucker |
| Mehrfachzucker (Polysaccharide) | Stärke (Glukosekette) | | | Vollkorngetreide wie z. B. Tauprodukte |

*Tabelle 21: Zuckerarten.*

### Blutzucker-Insulin-Peitsche, auch Zucker-Hunger-Schaukel genannt

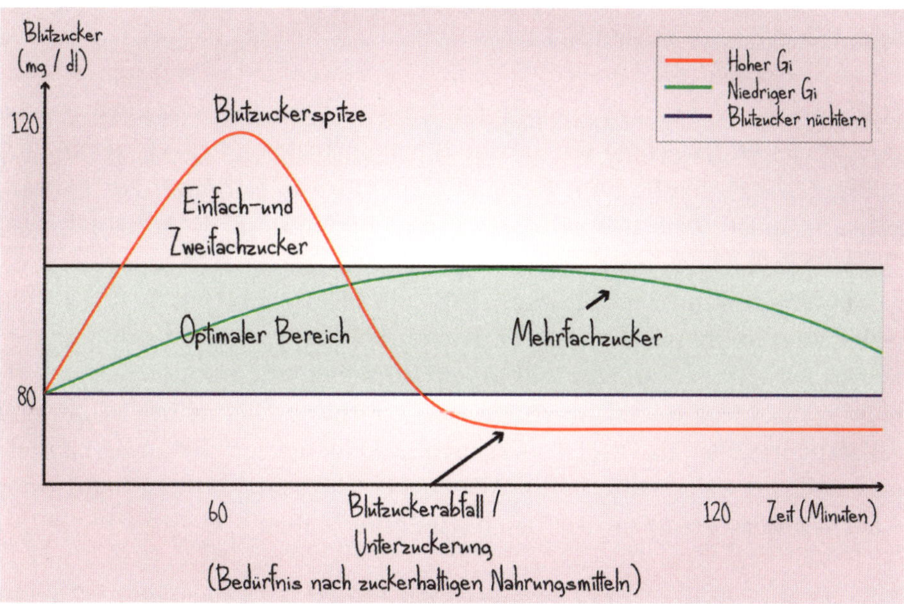


*Abbildung 19: Unterschiedlicher Insulinbedarf.*

In dieser Graphik sieht man den Unterschied zwischen einem schnellen und einem kontinuierlichen Blutzuckeranstieg bzw. -abfall. Bei Unterzuckerung wird wieder gegessen, oft Süßes, dann steigt der Spiegel wieder rasant an. Die Bauchspeicheldrüse wird stark gefordert und ist irgendwann erschöpft.

**Zucker** in Form von Früchten kann konsumiert werden; raffinierter Zucker hingegen sollte vollständig vermieden werden. Dieser bildet viel Säure und bietet keinen nutritionalen Mehrwert. Im Gegenteil, er ist ein Vitamin-B-Räuber.
Durch Züchtung wird der Frucht-Zuckeranteil (Fruktose) in Früchten wesentlich erhöht. Fruktose wird anders im Körper metabolisiert als Glukose. Fruktose wird in der Leber zu Zuckeralkoholen abgebaut und hat den gleichen Wirkungsprozess auf die Leber wie Alkohol; sie kann in größeren Mengen zu einer Fettleber führen. Aus Sicht der TCM schwächt Zucker die „Mitte", das sogenannte Milz-Qi und das Leber-Qi. Dadurch umgeht Fruktose den „normalen Blutzuckeranstieg", wie es bei Glukose der Fall ist. Dies ist ein erwünschter Effekt bei Diabetikern, er ist aber verbunden mit dem unerwünschten Nebeneffekt der Leber-Überbelastung und einem negativen Einfluss auf den Fettstoffwechsel.
Agavendicksaft zum Beispiel hat einen höheren Anteil an Fruktose als Glukose und bringt einen geringeren Insulinanstieg mit sich im Vergleich zu Traubenzucker, der nur Glukose beinhaltet. Vorzugsweise sollte das Fruktose-Glukose-Verhältnis 1:1 sein.

### TCM

Der Zuckerstoffwechsel wiederum führt nach der TCM zu einer Yin-Mangel-Symptomatik, zum Beispiel Osteoporose. Je höher der Zuckerkonsum, umso wichtiger wird es, genügend Vitamin B1 aufzunehmen. Gekeimtes Getreide oder regelmäßiger Genuss von Frischkornbrei, frisch gemahlen, gewährleistet genügend B1. Rohrohrzucker enthält im Vergleich zu weißem und braunem Zucker einige Vitamin- und Mineralstoffe. Das enthaltene Kalzium und Magnesium kann diese Pufferung jedoch nicht vollständig übernehmen, da der Rohrohrzucker selbst Vitamin B verbraucht. Es ist also mehr als sinnvoll, Weißzucker vollständig zu meiden und nur selten durch Rohrohrzucker (Mascobado/Jacutinga) oder Ahornsirup zu ersetzen, aber auch wieder in Maßen.

Xylit ist ein Zuckeralkohol und weist die Hälfte der Kalorien von Zucker auf, d.h. 2.4 kcal/g statt 4.2 kcal/g. Es hat einen geringeren Einfluss auf den Insulinspiegel, kann aber in größeren Mengen Magen-Darm-Beschwerden hervorrufen. Auch wenn Xylit weniger Kalorien hat als Zucker, können diese Zuckeraustauschstoffe aus TCM-Sicht durch ihre enorme Süße das Milz-Qi schwächen und zum Beispiel zu Magen-Darm-Beschwerden und Durchfall führen. In kleinen Mengen kann Xylit in Tees, Keksen oder Kuchen als Zuckerersatz dienen. Im Vergleich zu Ahornsirup hat Xylit weniger Kalorien und kann gut genutzt werden, um zu süßen, aber nicht

in Übermaß, da es wie alle anderen Zuckerarten das Milz-Qi schwächt. Agavendicksaft wurde bekannt dadurch, dass er den Insulinspiegel weniger als die anderen Zuckerarten erhöht, da er mehr Fructose als Glukose enthält und dadurch über die Leber verstoffwechselt wird. Trotzdem empfehlen wir Agavendicksaft nicht. Er enthält im Verhältnis mehr Fructose als Glukose und beeinträchtigt somit die Leberfunktion und ist im gleichen Mass schädigend wie Alkohol.
Erythrit ist ein neu aufkommendes Süßungsmittel, was bereits schon lange in Japan genutzt wird. Es ist vergorene Glukose aus Mais oder Reis und hat auf den Stoffwechsel keinen Einfluss. Weder erhöht es den Insulinspiegel, noch trägt es an Kalorien bei. Es ist gut geeignet, um etwas leicht zu süßen, z.B. Erdbeeren, aber nicht, damit zu backen oder kochen, weil es einen kühlen und zusammenziehenden Nachgeschmack hat.

Aus Sicht der TCM schwächt Zucker das Milz-Qi, was zu Verschleimung, Müdigkeit, Verdauungsschwäche und Appetitlosigkeit führt.

**Wichtig für die ersten tausend Tage**

**Industriell hergestellte Getreide-Drinks**

Die konventionellen Getreide-Drink-Arten enthalten im Vergleich zu Kuhmilch relativ viel Zucker, weil sie hydrolysiert sind. Das heißt, im Verarbeitungsprozess wird α-Amylase zugesetzt; ein Enzym, das die Kohlenhydrate zu Einfachzucker aufspaltet. Diese Einfachzucker werden in der Inhaltsangabe als „natürlicher Zucker“ aufgeführt. Auch wenn dies stimmt, hat der dadurch entstehende Zucker die gleichen Auswirkungen auf den Insulinspiegel wie Haushaltszucker. Diese Getreidedrinks sind relativ süß, und der Blutzuckerspiegel wird gleich wie bei normalem Zucker erhöht. Das zugesetzte Kalzium ist mengenmäßig gleich wie bei Kuhmilch, das heißt etwa 120 mg Kalzium auf 100 ml Trinkmenge.

Deshalb empfehlen wir als Alternative zu Kuhmilch, unsere Getreidetau-Drinks. Diese enthalten keinen Zucker und erhöhen den Blutzuckerspiegel nicht so drastisch wie die konventionellen Getreidedrinks, z.B. Hirsedrink, Reisdrink und andere Getreidedrinks, die in Lebensmittelläden und Reformhäusern erhältlich sind. Sie sind sehr gut als Milchersatz in Desserts geeignet, sind aber wegen ihres Zuckeranteils für den täglichen Konsum nicht empfehlenswert.

## Pilze – unbedingt

### Steckbrief

Pilze finden im asiatischen Raum schon seit Jahrtausenden Verwendung, sowohl in der Küche als auch in der Heilkunde. Viele Pilze haben eine seit langem bekannte Heilwirkung. Die Verabreichung von Pilzkonzentraten in Form von Kapseln und Extrakten in der Mykotherapie (Heilpilztherapie) ist jedoch nicht zu vergleichen mit der Verwendung von Pilzen als Nahrungsmittel.

### Wissenschaft

Speisepilze enthalten aromatische Substanzen, die ihnen einen delikaten Geschmack verleihen. Der Proteingehalt der Pilze beträgt etwa 3 bis 5 %, der größte Teil des Proteins ist jedoch für das menschliche Verdauungssystem unverdaulich. Pilzproteine sind empfindlich und verderben schnell. Pilze enthalten nur wenig Kohlenhydrate, jedoch reichlich Mineralstoffe, Spurenelemente, Ballaststoffe und Vitamine, wie z.B. Vitamin D, und vor allem die verschiedenen B-Vitamine.
Die meisten verwendeten Speisepilze stammen aus Pilzzuchten, eher selten werden Waldpilze verwendet. Beim Sammeln sind gute Kenntnisse nötig, um Verwechslungen mit giftigen und unbekömmlichen Pilzen auszuschließen. Waldpilze können stark mit Schwermetallen belastet sein und einige sind radioaktiv belastet seit dem Reaktorunfall in Tschernobyl im Mai 1986.

### TCM

Pilze sind im Geschmack süß, im Temperaturverhalten liegen sie zwischen neutral und kühl. Sie können Feuchtigkeit und Schleim transformieren und Qi und Yin tonisieren.

### Wichtig für die ersten tausend Tage

In der Schwangerschaft und beim Kleinkind ab ca. neuntem Monat sind Pilze, v.a. Champignons, Pfifferlinge und Shiitake beliebte, gesunde und ideale Nahrungsmittel zum Mitkochen. Sie gehören zu einer abwechslungsreichen, gesunden Ernährung und enthalten wichtige Vitamine und Mineralstoffe.

# 9. Einige Nährstoffe – von Eisen bis $B_{12}$

## Eisen – wow, die Algen!

### Steckbrief

Eisen ist ein natürlich vorkommendes Element und für den Körper als Spurenelement sehr wichtig. Eisen braucht es für verschiedene Funktionen und Prozesse im Körper. Zu wenig Eisen kann zu einer Anämie (Blutarmut) führen, aber auch zu viel Eisen ist nicht von Vorteil. Eisen ist sehr oxidativ, d.h. es reagiert schnell mit Sauerstoff und kann in hohen Mengen Entzündungsprozesse unterstützen oder auslösen. Es gibt sogenanntes Häm-Eisen, das aus tierischen Produkten kommt, und Nonhäm-Eisen, das aus pflanzlichen Nahrungsmitteln kommt. Beide Eisenarten haben ihren eigenen Metabolismus, um im Körper aufgenommen zu werden. Ob man sich pflanzlich vollwertig oder auch mit tierischen Produkten ernährt, beide Ernährungsarten können den Eisenbedarf genügend abdecken. Vorausgesetzt, man isst ausgewogen und frisch.

### Wissenschaft

Eisen ist ein Hauptbestandteil der roten Blutkörperchen und transportiert den Sauerstoff im Blut. In der TCM ist eine Anämie ein Leber-Blut-Mangel. Ferritin ist der Eisenspeicher im Blut und ein Indikator für Eisenmangel, auch wenn dabei der im Blut messbare Hämoglobinspiegel immer noch im normalen Bereich sein kann.
Das Hämoglobin ist die Trägerform für Sauerstoff im Blut. Symptome bei einer Anämie sind zum Beispiel Müdigkeit, Blässe, Leistungsabfall, brüchige Nägel und Haarausfall.

**Empfohlener Tagesbedarf von Eisen in den verschiedenen Lebensphasen**

| | | 0-4 Monate | 4-12 Monate | 1-4 Jahre | Schwangere ab 4. Monat | Stillende |
|---|---|---|---|---|---|---|
| Eisen | mg | 0,5 | 8 | 8 | 30 | 20 |

*Tabelle 22: Empfohlener Tagesbedarf von Eisen in mg pro Tag.*

Die gängige Meinung lautet, dass man Fleisch essen muss, um genügend Eisen zu haben. Dazu einige Beispiele. Die empfohlene Tagesdosis für Eisen ist 15mg. Um diese zu erreichen, genügen 10g Dulse (Alge), 150g Sesam, 150g Hirse – oder 750g Bündnerfleisch. Ganz schön viel Fleisch im Vergleich zu ein bisschen Alge. Fleisch, wie im Übrigen auch Milch, enthält wenig Eisen.

**Eisen pro 100 g Nahrungsmitte**

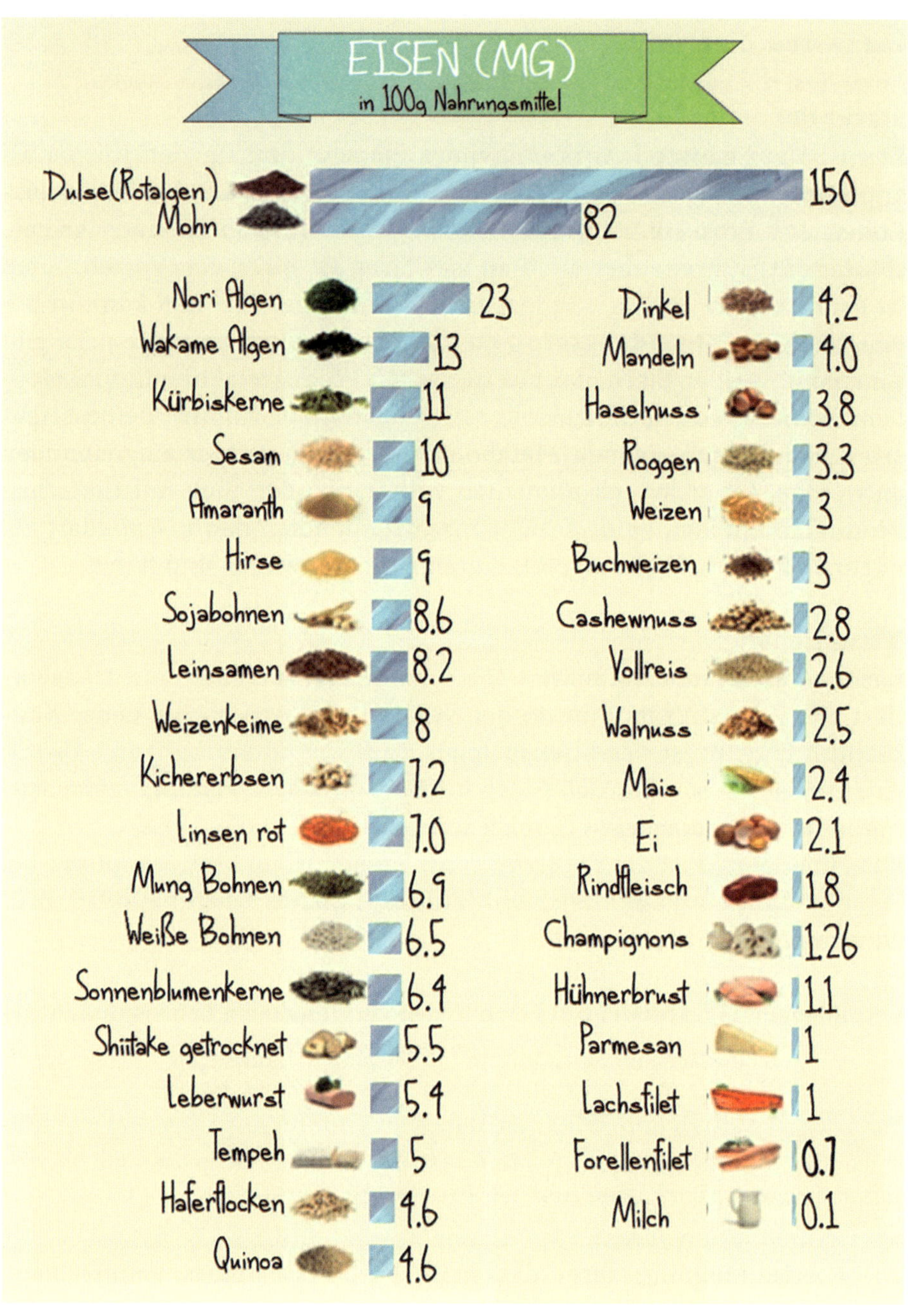


*Abbildung 20: Eisengehalt.*

### TCM

Eisen wirkt kühlend, klärt Hitze und kühlt Blut. Es nährt Yin und Blut und wirkt auf eine Yin-Mangel-Hitze kühlend und kühlt auch loderndes Feuer. Eisen kann auch inneren Wind besänftigen und beruhigen.

### Wichtig für die ersten tausend Tage

Eisen ist essentiell für Mutter und Kind für jede Phase der ersten tausend Tage und trägt zu einem gesunden Körperwachstum bei. Eisen ist unentbehrlich. Es transportiert den Sauerstoff und ist wichtig für verschiedene Stoffwechselprozesse im Körper. Die richtigen Eisenquellen tragen dazu bei, dass die tägliche Eisenempfehlung gedeckt wird.
Viele Ärzte stellen Fleisch dem Eisen gleich, indem sie die Eltern verunsichern und sagen, nur Fleisch ist das richtige Nahrungsmittel, um den Eisenbedarf abzudecken. Eltern, die ihr Kind fleischarm, vegetarisch oder sogar vegan ernähren möchten, haben genug wunderbare Nahrungsmittel, um den kindlichen Eisenbedarf genügend abzudecken – ohne Angst zu haben – siehe Abbildung 20.

## Kalzium – geht auch ohne Milch

### Steckbrief

Kalzium ist ein Mineralstoff, der wichtig ist für Knochen und Zähne sowie für weitere essentielle Funktionen wie z.B. für die Muskelzellen im Körper.

### Wissenschaft

99 % unseres Kalziums befindet sich in Knochen und Zähnen und wird dort gespeichert. Um die Kalziumaufnahme in die Knochen zu unterstützen, benötigt man Vitamin D und Magnesium. Andere Mineralstoffe wie Phosphat können die Absorption hindern oder sogar Kalzium den Knochen wieder entziehen. Kalzium wirkt als Basenbildner im Körper und damit der Übersäuerung entgegen. Das bekannteste Nahrungsmittel, das viel Kalzium enthält, ist Milch. Die Nachteile, die der industriell verarbeiteten Milch innewohnen, haben wir im Kapitel Milch erwähnt. Die folgende Abbildung führt viele weitere kalziumreiche Nahrungsmittel auf:

**Kalzium-Tagesbedarf**

| | | 0-4 Monate | 4-12 Monate | 1-4 Jahre | Schwangere ab 4. Monat | Stillende |
|---|---|---|---|---|---|---|
| Kalzium | mg | 220 | 320 | 600 | 1000 | 1000 |

*Tabelle 23: Empfohlener Tagesbedarf von Kalzium.*

**Kalzium pro 100 g Nahrungsmittel**

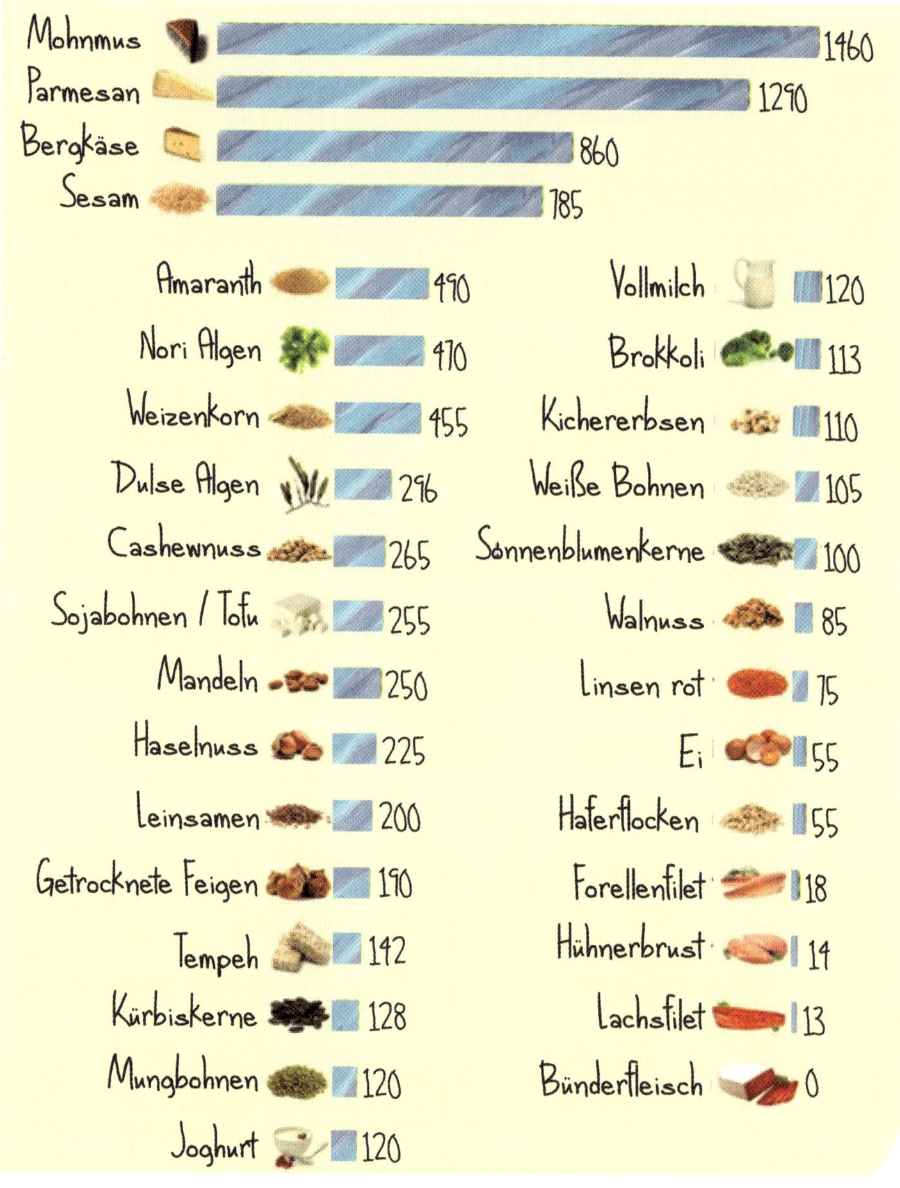


*Abbildung 21: Kalziumlieferanten.*

**Haben Sie gewusst?**

1 Glas Milch (2 dl) = 240 mg Kalzium
= ca. 20 g frische oder in Wasser eingelegte Wakame-Algen
= ca. 30 g Sesam

### TCM

Kalzium wirkt aus Sicht der TCM kühlend und nährend. Es beruhigt Shen (Geist) und tonisiert Yin. Durch das Kühlende kann es die Augen klären und das Yang besänftigen. Auf die Leber wirkt Kalzium ebenfalls klärend, stärkt die Knochen und bildet Gewebe und wirkt Spasmen lösend.

### Wichtig für die ersten tausend Tage

Kalzium ist essentiell für Mutter und Kind für jede Phase der ersten tausend Tage und trägt zu einem gesunden Knochen- und Zahnwachstum bei. Kalzium ist aber auch wichtig für verschiedene Stoffwechselprozesse im Körper und somit unentbehrlich. Die richtigen Kalziumquellen tragen dazu bei, dass der tägliche Kalziumbedarf gedeckt werden kann.
Viele Ärzte stellen Milch gleich Kalzium, indem sie die Eltern verunsichern und sagen, Milch sei wichtig für starke Knochen. Es ist nicht die Milch, die wichtig ist, sondern das Kalzium. Ein wichtiger und gravierender Unterschied für das gesunde Gedeihen.

## Nitrit – lieber nicht

### Steckbrief

Nitrit ist ein Konservierungsstoff, auch bekannt als E250, und wird als Pökelsalz verwendet.

### Wissenschaft

Nitrit kann zu Nitrosaminen umgewandelt werden, welches karzinogen wirkt. Außerdem belastet Nitrit die kindlichen Nieren sehr stark. Deshalb sollte Nitrit besser gar nicht konsumiert werden. Nitrit ist in Minipic, Wienerli, Speck, Lyoner, Mostbröckli und Aufschnitt enthalten. Von solchen Produkten ist eindeutig abzuraten.
Bestimmte biologische Erzeugnisse enthalten kein Nitrat und sind deshalb zu bevorzugen (Nitrat wird im Körper zu Nitrit umgewandelt).

### TCM

Nitrit verursacht durch die Belastung der Niere eine Nieren-Qi-Schwäche. Des Weiteren kann Nitrit eine Leber-Hitze oder eine Bluthitze verursachen. Symptome sind: Ausschläge, gerötete Haut, wunde Hautstellen am Kinderpopo.

### Wichtig für die ersten tausend Tage

Wir raten grundsätzlich von Minipic, Wienerli, Speck, Lyoner, Mostbröckli für Babys und Kleinkinder ab.

## Phosphat – lieber auch nicht

### Steckbrief

Phosphat dient als Konservierungsmittel und ist in hohen Mengen in Fertiggerichten, Süßgetränken wie z.B. Cola oder in Würstchen in verschiedenen chemischen Verbindungen enthalten.

### Wissenschaft

Mehrere klinische Studien legen einen Zusammenhang zwischen Phosphaten und ADHS (Zappelphilipp-Syndrom) nahe (41) (42). Wir empfehlen daher, mit Phosphat angereicherte Früchtedrinks, Süßgetränke, Fertigprodukte, Milchschokolade und Würstchen aller Art vom Speisezettel zu streichen. Auch Milchprodukte enthalten im Verhältnis zum Kalzium- und Magnesiumgehalt viel Phosphat. Dieses Phosphat hindert die Kalziumaufnahme in die Knochen, was wieder dafür spricht, keine Milchprodukte oder nur ganz wenig zu konsumieren.

### TCM

Phosphate machen aus unseren Kindern „hitzige Wesen", die sich schlecht konzentrieren können, immer in Bewegung sein müssen und keine innere Ruhe finden. Rasch überreizt zu sein, ist in der TCM Leber-Feuer oder aufsteigendes pathogenes Leber-Yang.

### Wichtig für die ersten tausend Tage

Wir raten von Früchtedrinks (außer frisch von der ganzen Frucht), Süßgetränken, Würstchen, Fertigprodukten und Nahrung mit hohem Phosphatgehalt für Säuglinge und Kleinkinder ab.

## Phosphat in Fertigprodukten

| E-Nummer | Verkehrs-bezeichnung | Wirkung | Vorkommen |
|---|---|---|---|
| E338 | Phosporsäure (auch: Orthophosphorsäure, Phosphat) | Komplexbildner, Säureregulator, Schmelzsalze | Colagetränke, Kaffeeweißer, Milchpulver |
| E339 | Natriumphosphat | | |
| E340 | Kaliumphosphat | | |
| E341 | Kalziumphosphat | | |
| E343 | Magnesiumphosphat | | |
| E442 | Ammoniumphosphat | Emulgator | Kakao- und Schokoladenerzeugnisse |
| E450 | Diphosphate | Komplexbildner, Säureregulator, Schmelzsalze | Fleischerzeugnisse, Schmelzkäse und Zubereitungen daraus, Desserts, Backmischungen, Backpulver |
| E451 | Triphosphate | | |
| E452 | Polyphosphate | | |
| E541 | Saures Natriumaluminiumphosphat | Backtriebmittel | Biskuitgebäck |
| E1410 | Monostärkephosphat | Modifizierte Stärke, Stabilisator, Trägerstoff, Verdickungsmittel | Dressings, Soßen, Fruchtfüllung, Puddingpulver, Trockensuppen, Brot und Backwaren |
| E1412 | Distärkephosphat | | |
| E1413 | Phosphatiertes Distärkephosphat | | |
| E1414 | Acetyliertes Distärkephosphat | Modifizierte Stärke, Stabilisator, Trägerstoff, Verdickungsmittel | Tiefkühlprodukte, Soßen, Suppen, Desserts, Süßwaren, Backwaren und ihre Füllungen, Käse und Schmelzkäsezubereitungen |
| E1442 | Hydroxypropyldistärkephosphat | Emulgator, modifizierte Stärke, Stabilisator, Verdickungsmittel | Tortenfüllungen, Salatsoßen, Kaugummi, Fertigprodukte |

*Tabelle 24: Phosphat in Fertigprodukten (43).*

## Vitamin $B_{12}$ – unerlässlich für gute Nerven und mehr

### Steckbrief

Vitamin $B_{12}$, auch Cobalanin genannt, ist ein wasserlösliches Vitamin und gehört zur Gruppe der B-Vitamine. Es ist wichtig für den Homöocystine-Stoffwechsel und das Nervensystem, spielt aber auch eine zentrale Rolle bei der Zellteilung und Blutbildung. Vitamin $B_{12}$ wird ausschließlich von Mikroorganismen gebildet und ist somit in tierischen Produkten enthalten. Es findet sich auch im Erdboden und ist an frisch geerntetem Gemüse, das nicht gewaschen, sondern abgeputzt wurde, enthalten.

### Wissenschaft

Es gibt verschiedene $B_{12}$-Arten (Cobalamin-Arten). Das Cyanocobalamin ist eine synthetische Form. Cyanocobalamin ist die Form, die in den meisten Vitamin-$B_{12}$-Präparaten verwendet wird. Die eigentliche Vitamin- $B_{12}$-Wirksamkeit entfaltet sich jedoch von den natürlichen Formen Adenosyl-, Methyl- und Hydroxocobalamin. Das heißt, es sind aktive Formen und müssen nicht noch über den sogenannten Intrinsic-Faktor (eine Verdauungs- und Aufnahme-Hilfe für Vitamin $B_{12}$ im Magen-Darm-Trakt) aufgenommen werden. Die synthetische Form, also Cyanocobalamin, muss mit dem Intrinsic-Faktor umgewandelt werden, bevor es im Körper aufgenommen werden kann. Somit ist die Bioverfügbarkeit der natürlich auftretenden Cobalaminarten höher als die der synthetischen Form Cyanocobalamin.

**Tagesbedarf Vitamin $B_{12}$**

| | 0-4 Monate | 4-12 Monate | 1-4 Jahre | Schwangere ab 4. Monat | Stillende |
|---|---|---|---|---|---|
| Vitamin $B_{12}$ | 0,4 g | 0,8 g | 1,0 g | 3,5 g | 4,0 g |

*Tabelle 25: Empfohlener Tagesbedarf von Vitamin $B_{12}$ (44).*

**Vitamin-$B_{12}$-Gehalt in einer empfohlenen Tagesportion für ein Kind zwischen 1 und 4 Jahren**

| Nahrungsmittel | Gramm | $B_{12}$ |
|---|---|---|
| Lachs | 30 g | 1 µg |
| Thunfisch | 25 g | 1 µg |
| Poulet / Hühnchen | 100 g | 0,4 µg |
| Kalbfleisch | 50 g | 1 µg |
| Rindsleber | 20 g | 13 µg |
| Kalbsleber | 20 g | 12 µg |
| Entenbrust | 30 g | 1 µg |
| Emmentaler | 30 g | 1 µg |
| Schweinsschnitzel | 50 g | 1 µg |
| Hühnerei | 60 g | 1 µg |
| Schafsmilch | 100 ml | 0,5 µg |

*Tabelle 26: Vitamin $B_{12}$-Gehalt in einer empfohlenen Tagesportion für ein Kind zwischen 1 und 4 Jahren.*

Gemüse, Obst, Öle, Hülsenfrüchte, Kräuter, Nüsse, Samen, Getreide enthalten in der Regel kein Vitamin $B_{12}$. Wenn Algen, Sauerkraut, Tempeh, Tamari und Sanddornsaft Vitamin $B_{12}$ aufweisen, ist dieses durch Mikroorganismen, die vorhanden sein können, entstanden. Der Gehalt an Vitamin $B_{12}$ ist sehr variabel und es ist noch nicht klar, ob es sich um die gleiche Form von Vitamin $B_{12}$ handelt oder eine analoge Form, die vom Körper nicht aufgenommen werden kann.
In der obenstehenden Liste ist der bisher bekannte zur Verfügung stehende Vitamin-$B_{12}$-Gehalt aufgeführt.
Der Bedarf ist sehr klein und der Körper kann $B_{12}$ bis zu zwei Jahre speichern. Auch wird im Darm $B_{12}$ hergestellt.

## TCM

Bei Vitamin-$B_{12}$-Mangel treten Müdigkeit, Erschöpfung, Konzentrationsschwierigkeit und starke Müdigkeit auf, was einen gravierenden Qi- bis hin zu einem Yang-Mangel bedeutet. Weitere Indikationen wie Blutarmut, Taubheit, Kribbeln und Lähmungserscheinungen deuten auf einen Leber-Blut-Mangel. Die damit einhergehende Immunschwäche wird als Wei-Qi-Mangel definiert. Vitamin $B_{12}$ tonisiert Qi, Milz-Qi und Leber-Blut; stoppt außerdem Blutungen.

### Wichtig für die ersten tausend Tage

Vitamin $B_{12}$ ist in allen Phasen der ersten tausend Tage wichtig. Wer sich ausgewogen auch mit tierischen Produkten ernährt, hat kaum Mangel. Wer eine Nahrungsergänzung mit Vitamin $B_{12}$ benötigt, dann eine mit einer der drei aktiven Formen Methylcobalamin, Hydroxocobalamin und Adenosylcobalamin, damit es nicht zusätzlich noch den Intrinsic-Faktor braucht.

# 10. Wir bauen sie neu: die Ernährungspyramide

Aufgrund der dargelegten Erkenntnisse ist eine Überarbeitung der Ernährungspyramide notwendig, sodass sie den Bedürfnissen unserer Kinder angepasst ist.
Wir übernehmen das Stufenkonzept, ordnen den einzelnen Stufen aber andere Nahrungsmittel zu. Dabei nehmen wir insbesondere auf die Milch-Problematik, den Zucker und den Fleischkonsum Bezug.
Die Basis bildet für uns die Muttermilch, alternativ Säuglingsmilch. Darüber legen wir Getreide-Tau-Drinks, Wasser und ungezuckerten Tee. Als Festnahrung empfehlen wir die Ausrichtung bio-pflanzlich-vollwertig. Sie besteht aus frischem Gemüse und Obst, Hülsenfrüchten, Bohnen, Kichererbsen und glutenfreiem Getreide. Dazu kommen gute Öle (Kokos, Leinöl, Olivenöl, Kürbiskernöl, Walnussöl). Tierische Eiweiße wie nicht homogenisierte Ziegen- und Schafsmilch, Ei, Fisch, Fleisch empfehlen wir, nur in Maßen zu konsumieren und alles immer in Bioqualität. Bei allem, was nicht-bio ist, ist die Wahrscheinlichkeit, unseren Kindern mit dem Essen Gifte zu verabreichen, zu hoch.

**Unsere Ernährungspyramide**

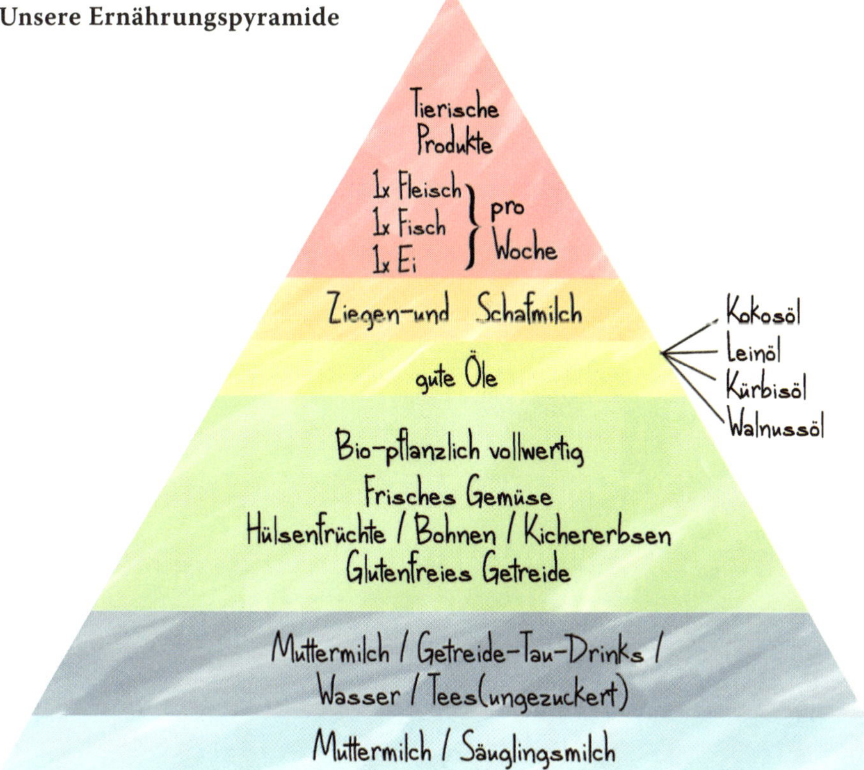


*Abbildung 22: Unsere Ernährungspyramide.*

Faustregel

- Keine Kuhmilch
- Keine von Kuhmilch abgeleiteten Produkte
- Kein Zucker, solange wie möglich
- Kein Sonnenblumenöl, keine raffinierten Öle!
- Kein Agavendicksaft
- Keine Fertigprodukte (auch keine „Gläschen“)
- Keine Fruchtsäfte

## Richtwerte zum Energiebedarf

Wollen wir unsere Kinder bewusst ernähren, ist es wichtig, über die Richtwerte Bescheid zu wissen oder Nachschlagmöglichkeiten zu haben.

| | | 0-4 Monate | 4-12 Monate | 1-4 Jahre | Schwangere ab 4. Monat | Stillende |
|---|---|---|---|---|---|---|
| Energie | kcal | 500 | 700 | 1100 | 2000/2200 + 300 | 2000/2200 bis zu + 700 |
| Eiweiß | g / Tag | 8-14 (7 % Energie) | 9-11 (7 % Energie) | 14 (13 % Energie) | 58 | 63 |
| Fett | % Energie | 40-45 | 35-45 | 30-40 | 30-35 | 30-35 |
| Linolsäure (Omega 6) | % Energie | 4,0 | 3,5 | 3,0 | 2,5 | 2,5 |
| α-Linolensäure (Omega 3) | % Energie | 0,5 | 0,5 | 0,5 | 0,5 | 0,5 |
| Kohlenhydrate | % Energie | 45 % | 47 % - 52 % | 47 %-52 % | 47 %-52 % | |
| Nahrungsfasern | g | | 10 g pro tausend kcal | | >30 g | >30 g |

| Mineralstoffe | | 0-4 Monate | 4-12 Monate | 1-4 Jahre | Schwangere ab 4. Monat | Stillende |
|---|---|---|---|---|---|---|
| Kalzium | mg | 220 | 330 | 600 | 1000 | 1000 |
| Magnesium | mg | 24 | 60 | 80 | 310 | 390 |
| Eisen | mg | 0.5 | 8 | 8 | 30 | 20 |
| Zink | mg | 1.0 | 2.0 | 3.0 | 10 | 11 |
| Phosphor | mg | 120 | 300 | 500 | 800 | 900 |
| Selen | µg | 10 | 15 | 15 | 60 | 75 |

| Vitamine | | 0-4 Monate | 4-12 Monate | 1-4 Jahre | Schwangere ab 4. Monat | Stillende |
|---|---|---|---|---|---|---|
| Vitamin A | mg RÄ | 0,5 | 0,6 | 0,6 | 1,1 | 1,5 |
| Betacarotin | mg | 3 | 3,6 | 3,6 | 6,6 | 9 |
| Vitamin E | mg T Ä | 3 | 4 | 6 | 13 | 17 |
| Vitamin D | µg | 10 | 10 | 20 | 20 | 20 |
| B1 (Thiamin) | mg | 0,2 | 0,4 | 0,6 | 1,3 | 1,3 |
| B2 (Riboflavin) | mg | 0,3 | 0,4 | 0,7 | 1,4 | 1,4 |
| B3 (Niacin) | mg NÄ | 2,0 | 5,0 | 8,0 | 15 | 16 |
| B6 | mg | 0,1 | 0,3 | 0,4 | 1,9 | 1,9 |
| Biotin | µg | 5,0 | 5-10 | 10-15 | 30-60 | 30-60 |
| Pantothensäure | mg | 2,0 | 3,0 | 4,0 | 6,0 | 6,0 |
| Folsäure | µg | 60 | 80 | 120 | 550 | 450 |
| $B_{12}$ | µg | 0,4 | 0,8 | 1,0 | 3,5 | 4,0 |
| Vitamin C | mg | 20 | 20 | 20 | 05 | 150 |
| Wasser | ml | 620 | 400/500 | 820/350 | 1470/890 | 1710 |

*Tabelle 27: Richtwerte zum Energiebedarf.*

# Anhang

## Glossar

In der Traditionellen Chinesischen Medizin TCM gibt es viele Begriffe, die uns eine neue Sicht auf die Welt ermöglichen, sogar die Augen öffnen, um Funktionen im Körper zu erklären.
Genauso wie die Schulmedizin verwendet die TCM ein eigenes Vokabular. Die wichtigsten Begriffe, die wir in unserem Buch benutzten, sind in diesem Glossar kurz erläutert:

**Blut tonisieren**
Den Aufbau von Blut unterstützen.

**Darm befeuchten**
Bei Verstopfung den trockenen Stuhl befeuchten.

**Jing**
Die Substanz, die nach der Sichtweise der TCM allem Leben zugrunde liegt. Ohne Jing gibt es kein Leben – es ist für Wachstum, Fortpflanzung und Entwicklung zuständig. Es regeneriert und repariert. Jing ist die Grundlage unserer Gesundheit. Jing ist die Essenz des Lebens und etwas sehr Yin-iges. Wir unterscheiden drei Arten von Jing: 1) Pränatales Jing (Vor-Himmels-Essenz), 2) Postnatales Jing (Nach-Himmels-Essenz), 3) Essenz-Jing (Nieren-Jing/Energie).

**Elterliches und kindliches Jing**
Die Essenz von den Eltern: pränatales, also vorgeburtliches und nicht beeinflussbares Jing. Die Essenz des Kindes: postnatales, also nachgeburtliches und beeinflussbares Jing.

**Hun**
Der Geist der Wandlungsphase Holz ist mit der Intuition, die auf diese unbewussten Informationen zurückgreift, verbunden.

**Kälte der Mitte**
Der Magen-Darm-Trakt ist unterkühlt.

**Leber-Blut-Hitze**
Überaktivität des Immunsystems. Kann sich als Rötungen, Ekzeme, Akne, Psoriasis äußern.

**Milz-Qi**
Die Milz ist die Quelle für das ganze Qi in unserem Körper.

**Mitte wärmen**
Die Verdauungsenergie und dadurch den Verdauungsprozess generell fördern.

**Nahrungsretention**

Spannung und Schmerzen im Epigastrium, dem Oberbauch, saures und übel riechendes Aufstoßen.

**Nahrungsstagnation**

Verlangsamter Verdauungsprozess, es bleibt Nahrung stehen.

**Nässe ausleiten**

Pathogene, also krankheitsverursachende Nässe und Schleim aus dem Körper ausscheiden.

**Qi**

Qi ist (Lebens-)Energie, die sich gleichzeitig auf den physischen und psychischen Ebenen manifestiert.

**Qi bewegen**

Stagnation lösen und das freie Fließen der Energie fördern.

**Qi tonisieren**

Die Energie stärken, an Kraft gewinnen.

**Schleim/Verschleimung**

Schleim ist ein inneres yin-iges Pathogen, also ein innerer Yin-Krankmacher und bildet sich aus Feuchtigkeit, die verhärtet ist.

**Shen**

beschreibt in der TCM die geistige Funktion des Menschen und hat seine „Wohnstätte" im Herzen.

**Yang**

Yang ist die männliche Komponente, das Harte und Himmlische, das Feurige und Schnelle.

**Yang-Mangel**

Es fehlt an Yang. Das heißt, im Verhältnis zu Yin ist es weniger und der Körper zeigt somit Kälte-Symptome und friert oder fröstelt leicht.

**Yin**

Yin ist die weibliche Komponente der Yin-Yang-Zweiheit: das Weiche und Erdige, die Wurzeln und die Ruhe.

**Yin-Mangel**

Es fehlt an Yin. Das heißt, im Verhältnis zu Yang ist es weniger und der Körper zeigt somit Wärme- bzw. Hitze-Symptome.

**Yin tonisieren**

Körpersäfte aufbauen und innere Ruhe und Harmonie erlangen.

## TCM-Wirkung verschiedener Nährstoffe

Im Folgenden haben wir zusammengefasst: Wie funktionieren Inhaltsstoffe im Körper? Welche Eigenschaften haben sie? Was bedeuten sie im Kontext der TCM?

**Ballaststoffe**:
Qi bewegend.

**DHA/EPA/Leinöl:**
gefäßerweiternd, erweichend, entzündungshemmend, kühlend, macht den Stuhl gleitfähig.

**Eisen:**
wirkt kühlend, Hitze klärend, Blut kühlend, Yin und Blut nährend, Yin-Mangel-Hitze kühlend, loderndes Feuer besänftigend.

**Kalzium:**
kühlend und nährend, Shen beruhigend, Yin tonisierend, Wind beruhigend, Augen klärend, Yang besänftigend, Leber klärend, Knochen stärkend, Gewebe bildend, Übersäuerung minimierend, Spasmen lösend.

**Kieselsäure**:
wirkt nährend, Nieren tonisierend, Knochen stärkend.

**Schleimstoffe**
(z.B. Leinsamen): Darm befeuchtend.

**Vitamin C**:
wirkt kühlend, Hitze klärend, Blutungen stoppend, Toxine ausleitend, Herz-Hitze klärend, Shen beruhigend.

**Vitamin A:**
kühlend und nährend, Blut tonisierend, Jing nährend, Augen klärend, Haut nährend, Blut-Hitze klärend, Yin-Mangel-Hitze kühlend.

**Vitamin B1 (Thiamin)**:
Qi regulierend, Qi aktivierend, Milz tonisierend, pathologische Nässe trocknend, Stagnation bewegend, Leber-Qi bewegend, Schmerzen stoppend.

**Vitamin B2 (Riboflavin):**
Blut tonisierend, Leber/Niere tonisierend, Yin- und Blut-Mangel-Muster unterstützend, Magen-Yin tonisierend, Jing tonisierend.

**Vitamin B3 (Niacin):**
Leber-Qi-Stagnation befreiend, Leber harmonisierend, Magen, Milz, Magen-Hitze klärend, Yang-Qi hebend.

**Vitamin B5:**

Qi regulierend, Leber-Qi-Stagnation befreiend, harmonisierend, Leber, Milz, Magen, Yang-Qi hebend, Feuchte-Hitze klärend und eliminierend, Leber-Hitze klärend.

**Vitamin B6 (Pyridoxin):**

Leber-Gallenblase-Hitze klärend, Wind beruhigend, Erde und Holz harmonisierend, Magen-Hitze klärend, Feuchte-Hitze der Gallenblase klärend.

**Vitamin B7 (Biotin):**

Blut nährend, Leber-Qi befreiend, Haut nährend, Herzblut tonisierend, Shen beruhigend.

**Vitamin B9 (Folsäure):**

wirkt tonisierend und nährend, Blut nährend, Leber entspannend, Hun beruhigend, Fötus schützend.

**Vitamin $B_{12}$ (Cobalanin):**

Qi tonisierend, Milz-Qi tonisierend, Blutungen stoppend.

**Vitamin B15:**

reguliert Qi, Blut tonisierend, Qi-Stagnation befreiend, Herz- und Lungen-Qi tonisierend.

**Vitamin D:**

Nieren tonisierend, Jing tonisierend, Jing-Verlust stoppend, Schwitzen stoppend, Leber/Nieren tonisierend, Schleim auflösend.

**Zink:**

Jing tonisierend, Blut nährend, Knochen stärkend, Augen klärend.

## Abbildungsverzeichnis



## Rezepte

## Tabellenverzeichnis

## Literaturverzeichnis


1. **Schulze, Ruthild.** [Online] 2003. http://ruthildschulze.de/veroffentlichungen/.
2. **Souci-Fachmann-Kraut.** *Die Zusammensetzung der Lebensmittel Nährwert Tabellen.* s.l. : Crc Pr Inc; Auflage: 7. (21. Mai 2008), 2008.
3. **Grill, Heinz.** *Ernährung und die gegebene Kraft des Menschen: Die geistige Deutung der Nahrung.* s.l. : Wunderlich, Stephan: Auflage: 8 (10. Oktober 2013), 2013.
4. **Seefried, Michael.** *Kommt ein Kind zum Arzt ...* Deutschland : TRIGA Der Verlag Gerlinde Hess, 2018.
5. **Schulmann, Cl.** The effect of antipyretic therapy upon outcomes in critically ill patients: a randomized, prospective study. *Surg Infect.* Winter 6(4), 2005, S. 369-75.
6. **Geist, Christine und Harder, Ulrike und Stiefel, Andrea.** *Hebammenkunde. Lehrbuch für Schwangerschaft, Geburt, Wochenbett und Beruf.* Stuttgart : Hippokrates Verlag in MVS Medizin Verlage Stuttgart, 2013.
7. **Dahlke, Ruediger und Pichler, Renato.** *Veganize your Life.* s.l. : Riemann Verlag, 2015.
8. **Stadelmann, Ingeborg.** *Die Hebammensprechstunde.* s.l. : Stadelmann, I, 2005.
9. **Krebs, Nancy F.** Dietary Zinc and Iron Sources, Physical Growth and Cognitive Development. [Hrsg.] Department of Pediatrics, University of Colorado School of Medicine, Denver, CO 80262 Section of Nutrition. *The Journal of Nutrition.* 130: 2000, S. 358S - 360S.
10. **Tsang, Reginald C. und Buford, L. Nichols.** *Nutrition During Infancy.* s.l. : Mosby Inc (1 April 1988), 1988.
11. **Steckel, A. und Olivares, M.** Absorption of fortification iron from milk formulas in infants. *Am J of clin Nutr.* 43, 1986, 6, S. 917 - 922.
12. **Lönnerdal, Bo.** *Human Milk Proteins - Key Components for the Biological Activity of Human Milk: In: Pickering L.K., Morrow A.L., Ruiz-Palacios G.M., Schanler R.J. (eds) Protecting Infants through Human Milk. Advances in Experimental Medicine and Biology, vol 554.* s.l. : Springer, Boston, 2004. S. 11 - 25.
13. **Grumm.** *Parameter - Hämoglobin fetal.* 2011.
14. **Lönnerdal, Bo.** Nutritional and physiologic significance of human milk proteins. *Am J Clin Nutr.* 77 (suppl), 2003, S. 1537S–43S.
15. **Kelleher, Shannon L. und Chatterton, Dereck.** Glycomacropeptide and -lactalbumin supplementation of infant. *Am J Clin Nutr.* 2003, Bd. 3, 77, S. 1261–8.

16. **Hansonaf, Lars Å. und Korotkova, Marina.** The role of breastfeeding in prevention of neonatal infection. *Seminars in Neonatology.* August 2002, Bd. Volume 7, Issue 4, S. 275-281.
17. **Kengeter, Brigitte.** *Die Bedeutung von Ziegenmilch für die menschliche Ernährung.* 2003.
18. **Largo, Remo H.** *Babyjahre - Entwicklung und Erziehung in den ersten vier Jahren.* s.l. : Piper ebooks, 2016.
19. **Eidgenossenschaft, Schweizerische.** Der Bundesrat – das Portal der Schweizer Regierung. [Online] Verordnung des EDI über Lebensmittel für Personen mit besonderem Ernährungsbedarf, 2017. https://www.admin.ch/opc/de/classified-compilation/20143408/index.html.
20. **Campbell, T. Colin und Campbell, Thomas M.** *China Study: Pflanzenbasierte Ernährung und ihre wissenschaftliche Begründung.* 3. Auflage. s.l. : Verlag Systemische Medizin, 2015.
21. **Feskanich, Diane, Willett, Walter C und Colditz, Graham A.** Calcium, vitamin D, milk consumption, and hip fractures: a prospective study among postmenopausal women. *Am J Clin Nutr.* 2003, Bd. 77, S. 504 - 11.
22. **Lanou, A.J., Berkow, S.E. und Barnard, N.D.** Calcium, dairy products, and bone health in children and young adults: a reevaluation of the evidence. *Pediatrics.* 115, Mar 2005, Bd. 3, S. 736-43.
23. **Darling , Andrea L., Millward, D. Joe und Torgerso, David J.** Dietary protein and bone health: a systematic review and meta-analysis. [Hrsg.] doi: 10.3945/ajcn.2009.27799. *Am J Clin Nutr .* 4. Novembre 2009.
24. **Yudkin, John und Lustig, Robert H.** *Pur, weiß, tödlich.: Warum der Zucker uns umbringt – und wie wir das verhindern können.* 2. Auflage. s.l. : Systemed Verlag GmbH, 2018.
25. **von Blarer Zalokar, Ulrike.** *Praxisbuch Nahrungsmittel und Chinesische Medizin.* s.l. : Bacopa, 2011.
26. **WHO / Cancer Research UK; Statistik Austria.** [Online] https://www.essenundkrebs.net/2015/01/18/warum-sollte-tierisches-eiweiss-schaedlich-sein/.
27. **Biesalski, Konrad.** Taschenatlas Ernährung. Deutschland : Thieme, 2015.
28. **Yamagishi, Kazue et al.** Generation of gaseous sulfur-containing compounds in tumour tissue and suppression of gas diffusion as an antitumour treatment. *BMJ.* Volume 61, 2012, Bd. Issue 4.
29. **Epner, Daniel.** Can Dietary Methionine Restriction Increase the Effectiveness of Chemotherapy in Treatment of Advanced Cancer?

*American College of Nutrition.* 1993, https://www.tandfonline.com/doi/abs/10.1080/07315724.2001.10719183.

30. **Jilg, Thomas.** *Viehwirtschaftliche Fachtagung.* Staatliche Lehr- und Versuchsanstalt für Viehhaltung und Grünlandwirtschaft Aulendorf, BAL Gumpenstein. Atzenbergerweg 99, 88326 Aulendorf, Deutschland : s.n., 2003.
31. **Frassetto, L. et al.** Diet, evolution and aging – the pathophysiologic effects of the post-agricultural inversion of the potassium-to-sodium and base-to-chloride ratios in the human diet. *Eur J Nutr.* Oct;40, 2001, Bd. 5, 200-13.
32. **Greger, Michael.** *Starving Cancer with Methionine Restriction.* NutrionFacts.org.
33. **Jacob, Ludwig Manfred.** *Dr. Jacobs Weg des genussvollen Verzichts.* s.l. : Nuricamedia, 2013.
34. **von Koerber, Karl und Leitzmann, Claus.** *Vollwert-Ernährung: Konzeption einer zeitgemäßen und nachhaltigen Ernährung.* s.l. : HAUG, 2012.
35. **Kataria, A. und Chauhan, B.M**. Antinutrients and protein digestability (in vitro) of mungbean as affected by domestic processing and cooking. *Food Chem.* 32, 1989, S. 9-17.
36. **Rollinger, Maria**. *Milch besser nicht.* 5. Auflage. s.l. : JOU-Verlag, 2013. S. 5-7.
37. **deSouza, A.C. et al.** Calcium Requirement in Elderly Japanese Women. *Gerontology.* 37 1991, S. 43-47.
38. **Michaelsson, Karl und Wolk, Alicja.** Milk intake and risk of mortality and fractures in women and men: cohort studies. *BMJ.* 349, 2014, S. 1-15.
39. **Morgan, E. Levine und Suarez, Jorge A.** Low Protein Intake Is Associated with a Major Reduction in IGF-1, Cancer, and Overall Mortality in the 65 and Younger but Not Older Population. [Hrsg.] Elsevier Inc. 409. *Cell Metabolism.* 4. March 2014 , 19, S. 407-417.
40. **Renehan, Andrew G. und Zwahlen, Marcel.** Insulin-like growth factor (IGF)-I, IGF binding protein3, and cancer risk: systematic review and meta-regrssion anlaysis. *The Lancet.* 363, 2004, Bd. 9418, S. 1346-1353.
41. **Marks, Amy R. und Harley, Kim.** Organophosphate Pesticide Exposure and Attention in Young Mexican-American Children: The CHAMACOS Study. *Environ Health Perspect.* Dec 2010, Bd. 118, 12, S. 1768-1774.
42. **Bouchard, Maryse F. und Bellinger, David C.** Attention-Deficit/Hyperactivity Disorder and Urinary Metabolites of Organophos-

phate Pesticides. *Pediatrics.* June 2010, Bd. 125, 6.
43. **Ritz, Eberhard und Hahn, Kai.** Gesundheitsrisiko durch Phosphatzusätze in Nahrungsmitteln. *Deutsches Ärzteblatt.* 27. Januar 2012, 4, S. 49-54.
44. **international, proveg.** *Vitamin $B_{12}$ in veganen Lebensmitteln.* https://vebu.de/fitness-gesundheit/naehrstoffe/vitamin- $B_{12}$-in-lebensmitteln-und-vegane-ernaehrung/ : s.n.
45. **Multi-Mam.** [Online] http://www.multi-mam.de/zusammensetzung-der-muttermilch.html.
46. **Allen, Naomi E. und Appleby, Paul N.** The Associations of Diet with Serum Insulin-like Growth Factor I and Its Main Binding Proteins in 292 Women Meat-Eaters, Vegetraians, and Vegans. *Cancer Epidemiology, Biomakrers & Prevention.* 11, November 2002, S. 1441-1448.
47. **Schweikart, Joerg.** Vitamin $B_{12}$ und Gesundheit. [Online] Verein zur Förderung ganzheitlicher Gesundheit. http://www.vitaminb12.de/lebensmittel/.